上承战略
下接绩效

培训管理系统解决方案

Linking Strategy and Performance: Training Management Holistic Solutions

潘 平　闫吉伦 ◎著

中国法制出版社
CHINA LEGAL PUBLISHING HOUSE

序

  2014年夏天，我第一次登上青藏高原，沐浴着高原之风，聆听着"呀拉索，那就是青藏高原"的天籁之音，经历了身心的洗礼，这是一种何等的幸福！

  登高望远，看到了山峰的神奇美丽；翻山越岭，品味了纳木错湖的圣水；舞榭歌台，谛听了"大唐公主和亲的传奇"……这一切是那么遥远又那么触手可及，是那么神秘又那么真实。回来后我继续写书，终于在2015年年初完成了我的第一本著作《上承战略 下接人才——人力资源管理高端视野》，出版后反响很好，深受读者喜爱。受此鼓励，我对多年积攒下来的实战经验进行整理，结合这些年的潜心研究，在随后的几年里又陆续出版了两本有关培训、招聘的专业书籍。今年年初，我的第四本著作《上承战略 下接激励——薪酬管理系统解决方案》面世，此书延续了"上承战略下接人力资源业务"的管理思想，与之前的三本著作一脉相承。

  为使我的人力资源管理思想体系更加完整，今年我对已出版的招聘书籍进行了重新改版，取名为《上承战略 下接人才——招聘管理系统解决方案》，同时新著了《上承战略 下接赋能——绩效管理系统解决方案》。这样一来，我的"一体两翼两平台"人力资源管理思想体系正式形成！

为什么要构建"一体两翼两平台"的人力资源管理体系？我是从战略、人才、激励三个维度来思考的，并按以下的管理逻辑来建构的。

一个企业成功了，管理大师都会对其进行剖析，分析其成功之道。有的说是战略指引得好，有的说是文化建设得好，有的说是企业机会把握得好，等等。这些说法都有一定的局限性。从我多年的分析总结来看，企业成功的关键在于"人"，因为"人"才是创造和改变企业的真正原动力。

战略是人制定的！一个企业的战略要么是老板本人或者管理团队共同制定的，要么请外部咨询机构来做，无论采用哪种方式，最终都离不开人。战略是对未来的规划，最终的实现要依赖人的能力。因此，一个优秀的企业必定拥有优秀的企业家及团队。他们不仅志存高远、高瞻远瞩，还善于使用社会优秀人才，不断推动企业的发展。

"上承战略"是人力资源管理体系的"一体"所在。作为企业的重要职能部门，人力资源管理部必须学会诠释企业战略。企业战略指向哪里，人力资源前进的方向就在哪里。人力资源为企业战略提供各种资源保障，"逢山开路、遇水搭桥"，助力将士们从一个胜利走向另一个胜利。"上有承接"才能去分责、去担当，实现职能价值，这正是人力资源要上承战略的精髓所在！

鸟儿有丰满的羽翼才能持续飞翔，企业有"丰满的双翼"才能在竞争中取胜。那么企业的"两翼"是什么呢？在哪里呢？

企业的竞争说到底就是资源的竞争，人、财、物等资源是一个企业生存发展的根本，而人才资源是这些资源的基础。企业只有拥有优秀的人才，才能把财物资源用好并让其增值。那么，优秀的人才是怎么来的，无外乎"外招与内培"，"无才则招，有苗育好"，这是优秀企业人才发展的最佳途径。过于依靠外聘人才的企业走不远，因为人才如锥子，放在身上，一头要出头，一头要扎人。企业很难去整合这些社会人才，使其融入企业文化，这些社会人才也很难对企业忠诚，所谓"高薪招来人中凤，企困来时早先飞"。但是企业要发展、要创新、要突破、要激活，自然需要引入外来人才。"招好人、招对人、闻同味、共创业"，让他们快速融入企业，为企业所用并发挥好价值，这是企业追求的目标。因此，企业管理者、人力资源管理者必须懂得招聘之术，招对人才并用好人才。我的《上承战略 下接人才——招聘管理系统解决方案》一书，正是针对以上问题提出系统解决方案。

招人需要付出较高的成本，通过"高平台、高薪酬、高福利"招聘进来的人才会让那些内生培育出来的人才产生一定的竞争压力。优秀企业都注重人才的内生培养，强调人才内生文化，培育企业优秀人才的文化基因。于是他们重视校园人才的培养，建立自己的培养体系，组建自己的培训大学，系统培养自己的人才。

招聘关键人才来解决企业能力瓶颈，快速提升业务绩效，加速企业发展，同时加强对企业存量人才和新招校园人才的培养，这有助于企业人才发展两翼齐飞，构建人才发展生态链，从而使企业拥有源源不断的人才。我的培训书中构建的"6·5·4·1培养体系"正是为了系统解决人才培养的难题。

人才依靠平台飞翔！评判人才的标准是什么？不仅是高学历、丰阅历、高薪资、名企业，更关键的是他们能否为企业带来价值、创造绩效。那么，靠什么来评价经营绩效？要靠销量、利润、规模、占有率、资金流等关键绩效指标，这些指标是企业经营的顶层绩效指标。"上承战略"自然要承接这些顶层绩效指标，而如何去承接并达成，这就是人力资源绩效管理的内容。企业对员工进行绩效管理，让大家去关注组织绩效，努力达成个人绩效，让优秀的人才创造卓越绩效，这是绩效管理的根本。因此，建立绩效管理文化，让绩效不是寒冰而是熊熊燃烧的烈火，让这"烈火"驱动绩效发动机快速运转，进而让绩优者获得升职加薪，让绩劣者远离，这样的企业才能有活力，才会有发展！我的《上承战略　下接赋能——绩效管理系统解决方案》一书正是从以上内容出发提出了系统解决方案。

人才如良驹，要他们日行千里、夜行八百，必然要给予优质粮草，这样才能让他们保持良好的身体状态，才能有战斗力。对企业来讲，优质粮草是一个"拥有与分配"的话题，是"挣钱与分钱"的问题；而对员工来说，就是"工作与攒钱"的问题。企业要注重激励分配管理，是当期挣钱当期分钱，还是当期挣钱长期分钱，这取决于企业的激励机制。"金手铐"铐得了人身还应铐得住人心，"身心合一"才是激励的最高境界！

绩效管理平台和薪酬激励平台是企业和员工契合的关键纽带。企业要建设好这两个平台，要随市而变，不断优化平台，让员工在工作中有成就感，在生活和家庭中有幸福感，在社会上有自豪感。员工在这样好的平台上一定会努力工作，想不忠诚都难！

企业除了要构建好顶层管理体系，构筑好企业文化，营造良好的工作氛围和环境，还要让员工快乐工作，努力奋斗，有目标、有发展、有安全、无后忧，这才是优秀的企业。

正是基于以上思考，本人结合 20 多年的研究和管理实践，经过不懈努力、探索、总结、提炼，一个完整的人力资源管理思想体系——"一体两翼两平台"逐渐形成。"一体"为战略，"两翼"分别为人才招聘和员工培训，"两平台"分别为绩效管理和薪酬激励。企业导入并拥有这套体系，人力资源管理的问题就迎刃而解了。"一体两翼两平台"的管理模型如下图所示。

"一体两翼两平台"管理模型图

　　这套管理体系由5本书构成，它们分别是《上承战略　下接人才——人力资源管理高端视野》《上承战略　下接人才——招聘管理系统解决方案》《上承战略　下接绩效——培训管理系统解决方案》《上承战略　下接赋能——绩效管理系统解决方案》《上承战略　下接激励——薪酬管理系统解决方案》。

　　《上承战略　下接绩效——培训管理系统解决方案》，本书分为四部分：第一部分这本书从培训的价值导入，阐述了培训对企业人才培养的重要性，同时总结了企业培训中出现的高频痛点和误区，引导读者带着问题阅读本书。第二部分为培训管理者提供了大量实用的工具表单和企业实战案例，第二章至第五章，对培训需求调查进行了介绍，为读者提供了培训需求调查工具、方法和管理流程，为培训计划的制定打下了良好的基础；第六章至第八章，对培训计划的分类以及编制流程进行了详尽的介绍，通过具体的培训计划案例，为读者带来最佳的培训计划制定方法；第九章至第十章，为读者提供了组织一场最佳培训需要的前期准备和现场实施管理工作技巧和方法；第十一章至第十四章，针对培训后的评估、总结进行了描述，为培训管理的复盘工作提供了方法。第三部分（第十五章至第二十章），帮助企业修炼培训内功，夯实资源建设，对如何建设培训资源中的课程开发、讲师培养、供应商及经费管理进行了系统地描述。第四部分（第二十一章），引出了新时代培训技术的新方法，为培训管理者带来新的思考和启发。

培训管理要以实现企业战略目标、达成业务绩效、实现员工个人发展为目的，通过精细的培训组织管理，影响企业管理者和员工关注并参与培训。企业的最佳培训需要搭建完善的培训体系、建设好的培训文化、构建市场化的培训项目，本书针对培训的每一个环节进行了精心的设计并提供了详尽的表单，更好地帮助企业培训管理者转化为一名优秀的培训总监。

管理有道！上善若水是自然法则。企业的战略要随势而变，不可一意孤行、要"知止"。要知道战略的行进到什么地方为止，否则企业将走向衰亡。互联网时代告诉我们，"资本知止而不续投，股票知止要止损"，这些都是优秀企业家的智慧。人也是如此，"明知山有虎，何必山中行"，退避也是一种选择，是为了以退为进，是为了企业能够更好地发展！

管理有法！人要遵守自然法则，方可在自然中生存；人要遵守国家法律，才是一个合法公民；员工要遵守企业规章制度，才是一个合格员工。一个企业没有规章制度，员工各行其是，企业文化如何形成？人力资源部门是制定这些规则的部门，在制定规则时既要符合企业经营管理要求，又要从人性出发符合员工需求，以共同努力达成共同目标，做到"人企合一""知行信改"。企业的制度如果得不到员工的认同，是无法落地的，企业也会因为这些不合规、不合情理的制度而导致人散企亡，呜呼哀哉！

管理有术！制度刚性，管理柔性。不同的人力资源管理者与不同的员工交流，其结果是千差万别的。完美的人力资源管理需要智商与情商的高度结合。有些人说，不懂业务的人力资源管理者不是优秀的人力资源管理者。我却认为，情商不高的人力资源管理者不是优秀的人力资源管理者。面对各种各样的员工，拥有好的管理之术才是最重要的。因为管理人比管理其他方面都重要、都难，管理好人，才能管理好万事！

管理有器！面对强大的对手要敢于亮器，这是"亮剑精神"。手里没有"倚天剑"，你的勇气从何而来？因此，企业要锻造自己的"倚天剑"，建立完善的企业制度是非常重要的。

企业什么都有了，那么我们应该拥有什么？

人生四季，"春有百花秋有月，夏有凉风冬有雪。莫将闲事挂心头，便是人间好时节"。我们生活在四季轮换之中，我们应如何面对四季的变换呢？

做一个有智慧、有远见、有目标、有理想的人；做一个有追求、遇事不慌、身轻前行的人；做一个有情商、有爱心的人……做人要正直大气，这样才能让人尊重。在职场上要有能力，要专业，这样才能让人信服。做事易，做人难，我们只有把人做好、把事做对，这样才是真正的人才，否则就是庸人。

今年8月从草原归来，我对人生又有些感悟。策马扬鞭不负青春年华，草原美色离不开雨露滋润。马头琴声悠扬，是对草原的无限赞美。羊鞭高举，轻轻落下，打在羊儿身上，也打在我的心上。心中的目标在远方，我的追求在路上。"职不止，梦不休。"谨以"一体两翼两平台"管理思想体系奉献给读者，希望读者能够爱上每天初升的太阳。

高原的风，草原的雨，让四季都美丽。目前正值景美果丰的秋季，我将不忘初心，继续前行，争取把最好的书呈现给我的家人和朋友们，并与大家共勉美好未来！

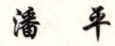

潘 平

目录

第一章
快速导入培训管理

1.1 企业为什么要做培训 // 002
1.2 价值视角看企业培训 // 005
1.3 当前培训的误区及挑战 // 018
1.4 最佳培训是如何做的 // 020

第二章
企业培训需求来自哪里

2.1 战略方向在哪需求就在哪 // 024
2.2 技术要突破需求要跟随 // 026
2.3 管理求创新需求有新意 // 027

第三章
培训需求有哪些调查工具

3.1 如何设计好培训需求调查表 // 030
3.2 如何设计培训需求调查问卷 // 031
3.3 如何编制培训需求访谈手册 // 033
3.4 如何编制培训需求调查报告 // 036

第四章
培训需求有哪些调查方法

4.1 培训需求面谈法 // 040

4.2 培训需求问卷调查法 // 042

4.3 培训需求现场观察法 // 045

4.4 培训需求小组讨论法 // 046

第五章
培训需求调查管理流程

5.1 培训需求调查前期准备 // 050

5.2 制订培训需求调查计划 // 051

5.3 组织培训需求调查工作 // 051

5.4 培训需求调查结果确认 // 052

5.5 培训需求调查报告撰写 // 053

5.6 案例分享 // 053

第六章
全面认知培训计划

6.1 培训计划的分类 // 062

6.2 培训计划的内容 // 063

6.3 案例分享：国际化人才培养 MOT 培养计划 // 065

第七章
如何编制培训计划

7.1 培训计划编制总体原则 // 072

7.2　培训计划编制关键事项 // 073

第八章
培训计划编制流程

8.1　培训计划制订流程 // 078

8.2　培训计划编制方法 // 078

8.3　案例分享：××单位培训计划 // 083

第九章
培训组织前期准备

9.1　培训实施前期准备工作 // 088

9.2　培训准备工作具体事项 // 089

第十章
培训组织实施管理

10.1　如何确认参训学员 // 100

10.2　如何下发培训通知 // 101

10.3　如何进行培训介绍 // 101

10.4　做好培训现场管理 // 102

10.5　如何调动学员情绪 // 109

第十一章
培训效果评估管理

11.1　柯氏四级评估模型 // 120

11.2　考夫曼五层次评估模型 // 120

11.3　CIRO 培训评估模型 // 121

11.4　CIPP 培训评估模型 // 122

第十二章
柯氏四级评估详解

12.1　柯氏评估的内容介绍 // 124

12.2　柯氏评估的方法应用 // 126

12.3　培训评估工具的开发 // 127

第十三章
培训评估实施流程

13.1　评估前期准备 // 136

13.2　评估计划制订 // 137

13.3　评估组织实施 // 140

13.4　评估报告撰写 // 141

13.5　评估结果应用 // 142

13.6　效果评估难点 // 142

第十四章
培训工作总结报告

14.1　培训工作总结意义 // 144

14.2　培训工作总结分类 // 144

14.3　撰写培训工作总结报告 // 146

第十五章
培训制度管理

15.1 培训管理制度的重要性 // 158

15.2 如何设计培训管理制度 // 158

15.3 培训管理制度设计流程 // 159

第十六章
培训课程开发

16.1 课程开发的必要性 // 176

16.2 六步完成课程开发 // 177

第十七章
培训课程管理

17.1 培训课程的重要性 // 196

17.2 课程管理的内涵 // 197

17.3 外部课程的书架 // 201

17.4 内部课程的书架 // 202

第十八章
内部讲师管理

18.1 为何要培养内部讲师 // 214

18.2 什么是内部培训讲师 // 215

18.3 如何用好并管理讲师 // 216

第十九章
培训供应商管理

19.1 什么是培训供应商 // 230

19.2 如何管理培训供应商 // 230

第二十章
培训经费管理

20.1 什么是培训经费 // 238

20.2 培训经费业务架构 // 238

20.3 有效管理培训经费 // 239

第二十一章
新时代培训技术新方法

21.1 新时代的培训新发展 // 248

21.2 新时代培训的新转变 // 251

21.3 新时代的培训新模式 // 255

21.4 新时代的培训新生态 // 263

第一章

快速导入培训管理

1.1 企业为什么要做培训

随着经济结构性调整和互联网时代的到来，企业遇到一系列的问题和挑战：市场竞争加剧、人才的竞争和结构性人才矛盾加剧、人口红利逐渐消失、企业亟需转型升级等，这些必然会使企业在"人"的方面给予更高的关注。企业如何应对上述挑战？企业的发展关键在于"人"，而人的能力差异较大，如何通过解决人的能力问题来解决企业的发展问题？企业通常的做法是加大对人才的引入和培养，而人才的培养可以通过员工的自我学习和企业培训两种途径实现。

员工自我学习要求个人在学习广博知识的同时，还要学会自我学习的方法，树立终身学习的理念，与时俱进。具体如下：

- 明确动机，确定目标；
- 计划时间，寻求指导；
- 遵守时间，落实任务；
- 选择方式，自主学习；
- 掌握方法，学会学习；
- 利用网络，高效学习；
- 自我评估，提高效率；
- 分析原因，改进学习。

但是由于受天性禀赋的影响，员工自我学习的意识和效果一般较难满足企业的用人要求，其原因有以下几个方面：

1. 不想学

不想学即学员从主观意愿上认为自己不喜欢学习，自我学习的态度不够主动，动机不足。

2. 不会学

不会学分为学员自我认知不足、不知学习什么、不做学习规划、不做学习总结、不懂持之以恒五个原因。

✓ 自我认知不足，不知差距在哪里

要想自我学习效果好，往往需要对自我有深度并且客观的评估。但是员工对自我的认知往往是不足的，即不知差距在哪里。

一方面是对自我学习的能力分析判断不足。对记忆力、理解能力、动手能力、身体素质、社会因素及家庭经济情况难以做出客观的自我评价。

另一方面是对自己的学习兴趣和学习方向评估不足。难以把握自我学习的内容和方式，难以提升自我学习效果。

✓ 不知学习什么，难以"对症下药"

自我学习者即使能够认识自己的不足，但没有掌握足够的学习资源，只能从书里寻找自我学习的知识，自然难以"对症下药"，学到知识。

✓ 不做学习规划，东一榔头，西一棒槌

自我学习很难像专业培训项目那样配置专业的师资资源，做专业的学习规划。往往没有学习计划，想到什么学什么，学习不够系统化。

✓ 不会总结提炼

自我学习者没有专业的导师带领总结，很难产生能力的质的飞跃。专业的学习项目会由专业讲师进行内容提炼，讲师同时带领学习者总结复盘，能够使学习者的知识体系产生质的飞跃。

✓ 学习不持之以恒

自我学习，需要员工有很强的自制力，持之以恒。特别是在现在快节奏的工作生活中，员工每天面临海量的信息、快节奏的工作和外界的各种诱惑，能静下心来认真学习的人，真是少之又少。

3. 学后不会用

自我学习者对自己已经学习的知识，利用的数量和质量往往都不高，学习无法有效地指导实践工作。学习的东西往往很长时间不用或用不到，或者使用时能从大脑中提取转化的知识不多。而专业的培训项目，由于培训的针对性强，学习者带着需求去学习，聚焦亟须解决的问题，往往很容易达到学以致用的目的。

4. 工作实践难以形成知识经验

学习成长的"721法则"告诉我们：一个人成长和进步的70%来自自身的工作实践；20%来自与他人的学习交流；只有10%才来自正式的课堂学习。因此工作实践中的学习提升对每一个人至关重要！

我们发现很多人拥有很多年的工作经验，但大量是低层次的、重复性的经验累积，"一个经验用十年"，难以做到举一反三，最后在职场中逐渐被同事超越，甚至被很多更优秀的年轻人超越，将自己的职业发展带入了"尴尬"的境地。所以我们在提及学习效率和效果的时候，不得不说的是，一个人对工作经验总结提炼并上升到自己的知识理论的水平，决定了一个人的专业积淀和职场发展。

【技巧贴士——经验如何形成理论？】

每次参加讲师大赛总有一个感觉，很多老师都有丰富的实践经验，但是很多人总结不出来！所以说，把经验萃取成课程仍有一道鸿沟需要跨越！那么如何将经验上升到理论呢？我们认为以下六步非常重要：

1. 理论系统学习：学习并掌握本专业最经典的理论体系，变成自己的知识，能够指导实践；

2. 积极进行实践：做一个实干家，亲自实践才能体会深刻，要想成为专家，必须有足够的项目实践累积；

3. 勤于思考总结：做了工作还要复盘、总结和思考，不断丰富自己的心得和体会，逐步形成自己的方法论；

4. 善于知识建构：有了心得和体会，要善于将零散的知识进行系统架构和结构化提炼，形成知识的体系和理论模型，让经验知识更有型；

5. 验证修正模型：在实践中不断验证总结的知识体系（模型），借助专业经典理论修正模型，让理论模型更充分、更权威；

6. 善推广勇分享：利用各种场合复制推广知识理论模型，如写案例文章、培训授课及互动交流等，让自己的知识体系得以传播。（如图1-1所示）

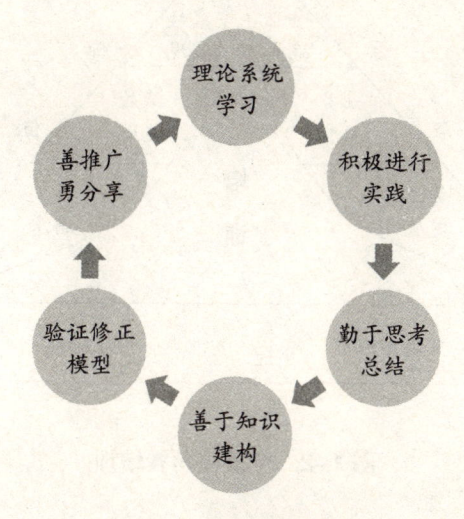

图 1-1 经验萃取模型

1.2 价值视角看企业培训

那么，企业培训是什么？企业培训是指根据企业发展战略所开展的以提高组织效能、业务绩效，促进员工能力发展、帮助培训管理者自我能力提升为目标的活动。

企业的培训活动从企业战略、业务目标、员工发展、培训管理者自我能力提升四个方面（如图1-2）来开展，而这四个方面处于企业的不同层面、不同维度。企业的培训是以企业战略、业务目标为输入，员工为载体，培训业务管理为平台来开展的。因此，要做好培训自然要从全景视角来看，具体分为两个视角：以正向视角——从需求看培训，以逆向视角——从培训结果看价值。以正向视角看战略目标、业务目标、员工发展和培训业务自身对培训的要求。而以逆向视角通过培训结果来看是否有价值，看培训是否有助于战略推进、业务绩效提高、员工能力提升、培训行业引领。企业领导、业务部门、员工对培训工作越满意，培训工作自身的能力和价值就越高。

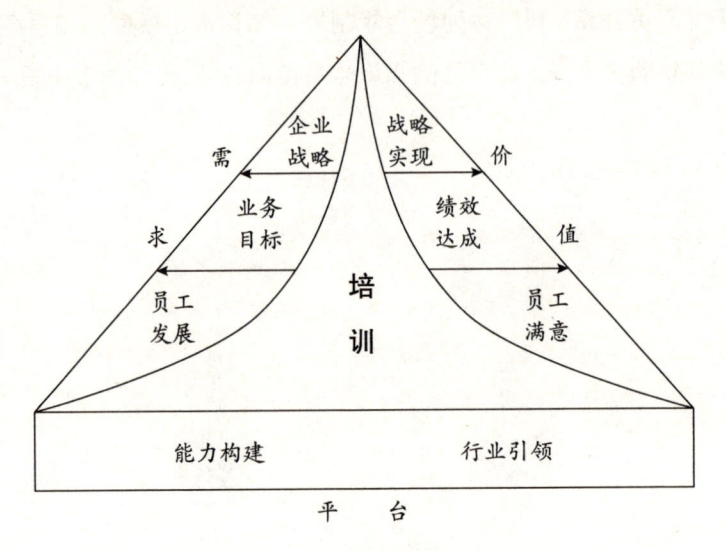

图 1-2　全景视角看培训

1.2.1　从四个维度看培训需求

1. 仰望战略目标看能力需求

（1）如何理解企业的战略

"战略"是什么？该词来源于军事术语，"战"指战争、战役，"略"指谋略、策略、方法。而对于企业，战略则为目标、意图或目的，是企业为之奋斗的一系列目标，以及企业为达到这些目标而制订的方针与计划，分为中、长、短期计划及相应的目标路径、所需的资源与能力等。在组织的这些资源和能力中，关键核心人才队伍的资源和能力显得更加重要。对一个企业来说，首先要看它有无战略，战略制定得好与坏，战略目标能不能实现，路径及速度能否达成预期等。这些对人力资源战略而言都是关键的输入，以此制定相应的人力资源业务模块的策略，如企业培训业务策略就必须首先从企业的战略体系中进行解读和承接。因此，培训管理者要前瞻性地考虑以战略目标为基准的培训需求，主动承接企业战略目标，主动思考如何通过培训保证战略有效实现。

（2）企业战略制定与执行的方法论

BLM（业务领先模型，Business Leadership Model）是 IBM 的一整套战略制定及执行的模式和方法论。根据 BLM，企业战略的制定和执行要从市场分析、战略意图、创新焦点、业务设计、关键任务、正式组织、人才、氛围与文化等方面考虑。它们的关系如图 1-3 所示：

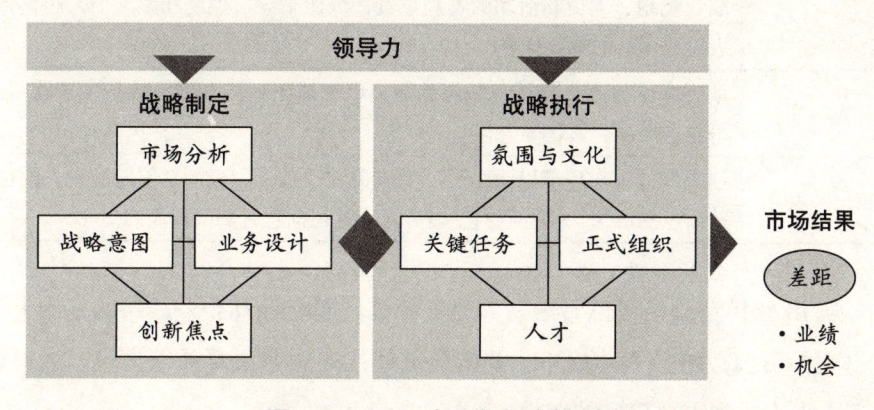

图 1-3 BLM（业务领先模型）

战略是对现状和期望业绩之间差距的一种感知，业绩差距和机会差距激发战略创新。战略制定的落脚点是业务设计，而业务设计则是战略迈向执行的关键。构成 BLM（业务领先模型）的各个要素的内涵如表 1-1 所示：

表 1-1 BLM（业务领先模型）分析

构成要素	内　　涵
战略意图	组织机构的远景、方向和最终目标，与公司的战略重点一致
市场分析	了解客户需求、竞争者动向、技术发展和市场经济状况，从中找到机遇和风险，旨在解释市场上正在发生什么以及这些变化对公司来说意味着什么
创新焦点	包括时间点、资源利用和目标衡量三个方面。进行与市场同步的探索与试验，从广泛的资源中提取想法，通过试点和深入市场的实验探索新想法，谨慎地进行投资和处理资源，以应对行业的变化

续表

构成要素	内　涵
业务设计	业务设计五要素：选择客户、价值主张、价值获取、活动范围和战略控制。应以对外部的深入理解为基础，利用内部能力和战略控制点探索可替代的业务设计
关键任务	满足业务设计和价值主张的要求所必需的行动
正式组织	为确保关键任务和流程能有效地执行，需建立相应的组织机构、管理和考核标准，包括人员单位的大小和角色、奖励与激励系统、管理与考评、职业规划、人员和活动的物理位置，以便指导、控制和激励个人和集体去完成团队的重要任务
人　才	重要岗位的人员要具备相应的能力以完成出色的业绩。包括人才获得、培养、激励、留存等内容
氛围与文化	创造好的工作环境以激励员工完成关键任务，积极的氛围能激发人们创造出色的成绩，使得他们更加努力，并在危急时刻鼓舞他们

　　从 BLM 模型分析可以看出，人力资源部门要在诠释企业战略的基础上制定出人力资源战略、人才战略，并围绕这些战略要素去寻找着力点，通过评估着力点来找到需要提升的能力。

（3）看实现战略需要什么能力

①战略创新能力

　　企业要具备市场洞察力，发现创新焦点和市场机会，这就要求企业在战略创新过程中具备一系列的能力，这些能力综合起来可理解为战略创新能力。它的实质是当企业发现战略错误或不能再为客户创造更多价值时，有能力通过战略创新发现、获取、利用并整合企业内外部资源，改变目前的企业战略，应对行业变化。

②战略绩效

　　企业战略绩效的提高，对企业人才能力提出了更高的要求。对于企业高层管理者来说，实现战略绩效要求其具有非常强的洞察力、应变力和控制力，在企业战略实施过程中能够统筹全局、适时调整。对企业中层管理者来说，实现战略绩效要求其做好桥梁性工作，具有跨部门、跨领域的工作能力。对企业基层工作者来说，实现战略绩效要求其具有扎实的基层工作能力、深入的工作挖掘能力、广泛的工作拓展能力和了解战略目标的能力。另外，战略绩效的管理者必须具备战略绩效的相关能力。

③组织力

企业组织力是指企业在市场竞争环境下，具有比竞争对手更高的生产效率或更高性价比的能力。组织力作为企业战略转化为执行力的桥梁，包括组织文化、组织架构、业绩管理和领导风格等方面。企业战略要真正落实，首先需要增强企业的组织力，从而提高企业战略的执行力，最终实现战略目标。而培训作为提高组织力的重要推手，可以提升此方面的能力。

④人才发展能力

企业的人才发展能力可以概括为两个方面：一是外部人才的整合能力；二是企业人才的"自生"能力。外部人才通过招聘的方式进入公司；人才的"自生"能力，要求有明确的员工职业发展规划，围绕规划来开展系统的培训、培养，并且"自生"人才的比例越高，企业的人才发展能力就越强。

⑤企业竞争力和人才稳定性

诸多人力资源调查表明，"较多的培训机会"越来越成为吸引新员工加入和留住好员工的重要因素，甚至是仅次于薪酬的保留人才要素。员工通过培训提高素质和能力后，在工作中表现得更为突出，更有可能受到企业的重用或晋升，从而更愿意在企业服务，也给企业带来了更强的战斗力。可见，培训可以提升企业的竞争力和人才稳定性，保证企业在日益激烈的人才争夺战中立于不败之地。

（4）看战略性培训体系构建

战略性培训体系是以公司战略规划为导向，以岗位人才能力模型为基础，以创新的课程体系为支撑，以强大的内部讲师队伍为后盾所构建的符合组织战略发展需要的培训体系。这样的培训、培养工作既符合公司组织发展需求，又符合人才本身职业发展的需要。

企业在构建战略性培训体系时，需要遵循以下路径，实现人才培养与企业战略的有效衔接。

①对企业战略进行解析

首先对企业战略目标进行分析，明确企业愿景和使命，落实到业务和职能部门中进行战略目标分解，将目标细化到每个岗位上。

②确认战略实现需要的关键人才

不同类型的企业发展战略，对每个岗位的能力要求是不一样的。例如，实行创新战略的企业要求相关岗位上的员工思维开拓、反应灵敏、冒险精神强，而实行成本领先战略的企业则要求员工具有较强的团队合作精神和变革意识。

③分析现有人员的能力差距

用根据战略确定的人才标准，衡量现有人员的能力与企业战略所要求的能力之间的差距，深入分析其原因，可以使培训需求更加具体和清晰。

④制订培训目标与规划

对照各部门、各岗位存在的能力差距，按照"优先次序、轻重缓急"的原则，明确培训的整体策略、长短期目标、阶段性培训计划以及重点培训项目等。还可以设计分层次、分部门、分类别的培训项目，最终形成紧密贴近企业战略的培训目标与规划。

2. 贴近业务看绩效达成

企业战略目标的载体是业务目标，业务目标能否达成决定着战略目标能否达成，而业务目标能否达成则取决于其能力水平、团队文化等因素。

（1）看业务绩效目标达成度

①盯市场绩效目标看竞争力

市场绩效指标中主要用市场占有率指标来评价市场竞争力。企业要从别人的占有率中抢占份额，并不断提升，靠什么？关键靠能力。这些能力包括企业的产品竞争力以及市场策划、渠道开发与服务等能力。因此，培训管理要不时地与业务部门交流沟通，共同探讨如何通过组织培训，学习竞争对手的先进管理经验，快速提升能力。

②盯内部绩效目标看运营能力

企业得到了发展，而企业投入的资源情况如何？绩效目标，如利润、业务目标是否达成？这就要看企业的运营管理能力。这些指标能否达成的影响因素是什么？总结起来是能力，如质量指标的影响因素可能是工人的技能素质的高低，采购成本过高可能是受企业的供应商交付能力、价格因素的影响。一个企业有生命周期，一个业务目标也有生命周期，因此，一个优秀的企业在进行绩效管理时，应对业务设计绩效指标及目标值，并进行有效评估，以此来激励团队不断达成绩效目标。

（2）分析绩效未达成的原因

绩效未达成的原因主要有以下几个方面：产品、质量、价格、服务。无论哪一方面都会给绩效带来影响，销量、价格、费用影响利润与绩效，质量、服务、价格影响销量、市场占有率与竞争力。分析这些因素可以得出绩效未达成无外乎是受技术的先进性、制造的质量水平、管理能力等因素影响。可以从以下几个方面分析绩效未达成的原因：一是通过听业务诉求了解需求；二是根据职能系统的分析报告分析需求；三是作为培训专家去分析问题发现需求等。把业务需求进行分析整合，最终才能找到影响绩效的因素，进而通过培训工作来推进业务绩效目标的达成。

①文化价值观的统一度

文化价值观的统一度较低是绩效未达成的原因之一。一个企业的强大，最重要的是文化强大。凡是基业长青的公司，都把企业文化建设作为非常重要的工作。而提高企业文化价值观统一度的主要手段是培训。一位优秀的企业经营管理者，首先是一位优秀的培训师。他不仅重视培训，而且善于通过培训言传身教，把企业的发展战略、经营理念、文化氛围、价值取向、行为模式等带给每位员工，让员工了解企业发展的历史、现在与未来，认同企业的文化价值观，凝聚一股强大的力量勇往直前。

②组织能力

绩效未达成，有时候是由于组织能力的不足。培训管理者要紧盯业务目标，从业务部门所提到的各种业务问题中明确业务部门的培训重点，做好培训前的调研工作，再根据与业务部门沟通的结果，及时制订培训方案来提升组织能力，从培训专业性的角度进行培训主题的确认、培训讲师的甄别与沟通、培训方式的选用等工作。解决问题是最好的培训，让员工掌握先进的管理理念、方法、技术，以业务为导向，不断发展业务部门的团队能力，从被动要求业务部门培训到他们主动提出培训需求。

③胜任力和驱动力程度

从人力资源角度来分析,影响业务绩效的重要因素之一是员工的胜任力,而胜任力中员工的胜岗力非常关键。提高员工胜任力的主要手段就是加强岗位技能的培训,对某一岗位或者岗位群的特定工作任务和性质进行分析,对照岗位职责和岗位目标来开发相应的课程。员工的能力到位,薪酬激励政策到位,为什么员工仍不能达成岗位绩效呢?这时就要看影响驱动力中的其他因素,如员工的文化价值观、激情、提高绩效的方法技术等。

3. 培养员工看学习成长

企业要基业长青,必须有持续的能力和人才来保证。而能力和人才的培养主要依靠培训来完成。因此,但凡基业长青的企业,员工培训的开展及结果都非常好。企业通过培训深化文化建设,让员工不断提高自己的能力,在个人获得晋升发展的同时又推动企业发展。

(1)要有清晰的职业生涯设计

从员工进入公司之日起,就要通过企业的培训,了解企业对员工的职业发展规划,他们会通过自己的努力在职业生涯道路上一步步地前进。一般企业都会根据组织特点和员工特点设计较为完备的职业发展通道,并且围绕职业发展通道进行员工职业与培训规划。从员工进入公司那天起,就要按职业生涯的设计来开展培训。员工需要通过培训提升工作能力,以较快地胜任目前的工作,并为下一步的晋升奠定基础。

(2)各阶段的能力技能需求

无论是管理人员还是专业人员,他们的职业发展通道都要按阶段式进行科学设计:纵向晋升、横向拓展再晋升。无论是哪一种模式都必须有相应的素质技能及经历要求。职业生涯发展阶段中,各阶段所需要的知识和技能不尽相同。设计好各阶段对知识和技能的标准之后,就要以此评估现有员工能力的差异,同时要针对性地设计各阶段的培训课程。当员工的素质能力与岗位需要有差异时就需要通过培训来提升。而培训的内容通常是标准的知识和技能,比如,新员工培训、岗位技能培训、通用素质培训等。

（3）胜岗度与职业发展激励

企业的员工胜岗度越高，成长越快，越能促进企业经营活动的开展，员工的自我成就感与收获就越多。提高他们的任职资格技能，培训自然是必不可少的工作。培训部门要基于岗位的任职能力要素来开发相应的课程，从任职资格认证的关键要素出发，设计出基于人员级别、专业的任职资格行为标准、专业知识和能力要求，规划课程体系，制订课程开发计划。通过系统性地组织培训与认证，让员工获得晋级/晋升激励。

（4）绩效提升的辅导培训

从绩效管理的地图来看，组织绩效层层分解在岗位上，由员工共同来达成。因此，促进员工提高绩效意义重大，关乎业务策略的落地。当具体的业务策略在执行过程中遇到阻力或问题时，培训的目的就是解决问题、提升业绩。因此，培训管理者首先要区分出哪些是通过培训可以解决的，哪些是通过培训解决不了的，哪些因素是通过行为改变促进绩效提升的。在进行有效的绩效分析后，将绩效问题转化为培训项目，辅导和帮助员工提升能力和素质，确保员工绩效目标的达成。对于绩效不达标的员工要进行针对性辅导，主要从知识技能的掌握、工作方法技能、工作态度等方面来进行辅导培训，以此确保员工绩效目标的达成。

（5）认同文化价值观体系

企业文化由企业组织、企业老板构建，他们所设计的、所倡导的理念已经很清晰，但真正文化的载体是员工。员工只有认同企业文化，才会增强主人翁意识、敬业精神、责任感，自觉学习掌握知识和技能，更好地融入企业。构建员工认同的价值观体系，培训是重要的环节。通过组织培训，把企业的价值观、行为规范逐层逐级地深入员工心中，让他们从知、信、行中去达成企业文化的高度统一，这样才能让员工成为真正的"主人翁"。

4. 赋能培训管理者看能力提升

（1）看行业研究的前沿培训课题

培训机构为了自己的生存与发展，往往会研究培训行业的一些前沿培训课题，如在当下互联网时代如何去做培训等，以此来推广自己的产品。一个企业，在互联网时代，必须要进行相应的转型。因此，对培训工作者来说，如何抢占先机、引进新知识、调整自我方向非常关键。那么我们应该怎样看前沿的课题？可以从以下两个方面：一是看行业潮流，要重视他们在研究什么样的培训课题，得到了什么成果；二是看先进性，要引入哪种模式才更适合自己，让培训能力的提升效果更好。

培训管理者要借鉴和参考培训行业推行的前沿培训来创新自己的培训方式。传统的培训方式已经不能满足现代企业培训的需求，培训的模式、培训的内容、培训的讲师都需要适应需求而转型。与传统培训方式相比，现在的企业培训方式更注重培训带来的绩效改进，聚焦柯氏四级评估中的"行为"和"结果"层面的改进效果，加快绩效改进在企业内部实践的速度。如全球著名人才开发专家威廉·罗斯韦尔所说："培训领域正在进行一个转变，即要求培训从业人员将原来关注输入点，比如关注课程、学时等，转为关注输出点，也就是关注个人、团队和组织等不同层次的绩效。"培训机构也越来越重视对培训绩效进行量化管理，营造促进培训成果转化的工作环境。比如，运用培训成果转化的理论提高培训内容与工作的关联性，提高管理者的支持程度，建立岗位轮换制度等。

（2）看标杆企业培训推行的先进模式

培训管理者还要放眼标杆企业，以竞争视角从标杆企业培训方向中看自己应做什么样的培训。市场竞争说到底是能力的竞争，人的能力是最为重要的。标杆企业的培训是提升自己能力的重要参照。标杆企业的培训文化、培训能力、培训方法技巧等都是培训管理者学习研究的课题。比如，据合益集团（HayGroup）发布的2014年度"最佳领导力培养公司"调研结果，最佳领导力培养公司前20强的企业越来越倾向于使用"高接触"的领导力培养方式。课堂式领导力培训仍然是他们的首选方式，而资深员工的辅导和内部员工的导师计划也受到高度重视。

又如，为培养互联网人才，搜狐开创了平台思维、众包思维、跨界思维等思维方式，腾讯采用全面渗透的企业文化、对核心人才的重点培养、丰富有趣的培训形式，淘宝大学强调从思维到行为习惯的转变以及互联网人才和传统企业DNA相融合的重要性，携程专门设立了人才快车道、科学管理提升班等项目。这些先进企业的培训理念、培训工具和技术方法给培训管理者调整培训方向目标时提供了很好的参考案例和借鉴经验。

1.2.2 从培训结果看培训价值

从绩效看培训，就是要审视培训的价值所在。评价培训价值有四个维度：一是企业老板和高层，他们看培训是否推进战略目标实现和文化价值观认同；二是业务部门，他们看培训是否推进业务绩效，实现问题的解决、能力的提升、竞争力的加强；三是员工，他们看培训是否促进能力提升与发展；四是进行能力构建并引领行业。因此，作为培训管理者一定要用市场营销的理念去开发培训产出，精心组织管理，影响员工参与培训。只有共同参与才能共赢，共同用心才有好的结果。

1. 培训是否抓住收益点

企业每年会投入大量的教学经费和相关资源用于员工培训，培训部门将培训项目完成情况、讲师数量和开发的课程作为成果向老板汇报。然而老板真的关注这些吗？他根本就不关注培训人次和课程数量，他关注的是产出，即"生产"出来这些"产品"，到底给企业带来了哪些收益。

从战略的角度看培训，可以从三个方面重点考虑：第一，开展的培训，是否围绕企业的转型升级，对企业的积极影响在哪里？比如，刚引进的高级专家，要和公司的创业团队一起吃苦打拼，企业文化培训对他们起作用吗？第二，通过培训，是否塑造出切实可用的人才？例如，现在缺一个市场部经理，市场经理班培训结束后，需要的这个目标候选人在不在？能不能立即上岗？第三，通过培训，组织能力真的得到了提升吗？是否为战略实现输送人才，满足战略需要？有没有为企业打造一支技术过硬、能力优秀的人才队伍？

2. 培训是否抓住业绩与能力关键点

业务绩效是衡量培训效果的重要维度。培训工作的开展既不是培训管理者的单打独斗，也不是以上对下的命令，培训的效果要通过业务部门的绩效来实现。培训管理者必须走出人力资源部门，深入公司的业务，与业务部门保持良好的协同联动，成为公司的业务专家、业务伙伴，为他们提供专业的培训支持，帮助他们达成业绩目标。培训是否与业务绩效相结合？是否针对业务部门的需求来开展？是否解决业务问题？是否实现组织绩效提升和人才增值？是否塑造良好的团队文化？这些都是培训管理者要思考的问题。

培训要真正看业务，成为真正的合作伙伴，总结起来为："想到"——为业务前瞻地想；"说到"——及时用准确的方式方法向业务部门表达；"做到"——用专业的能力把方案落到实处并持续跟踪；"实效"——培训结果要有实效，并最终取得业务部门的认可。企业的战略必须用业务来支撑。

3. 培训是否抓住问题解决点

培训，不是上几次课，也不是简单地搞某种培训活动，而是通过多样化、综合的培训方式提升学员的绩效和能力，以达到切实解决工作中遇到的问题的目标。但在实际培训实施中，往往会忽略"提升绩效和能力"这一目标，使培训发生偏离：培训讲师卖力出演，依托培训游戏、段子等博得学员哄堂大笑，现场培训氛围着实不错。这样的培训虽然现场效果不错，但是学员的绩效和能力并未真正得到提升，陷入"上课激动，下课不懂也不动"的怪圈。培训应该回归本真，无论什么形式、什么内容的培训，都应以解决问题为最终目的。

4. 培训是否抓住员工满意点

培训的价值要通过培训对象及效果来体现。培训的载体是员工，从员工角度看培训效果，要考虑以下几个问题：培训是否使员工满意？如何通过培训使新员工尽快适应其工作岗位？如何提高和改善在职员工工作绩效？全体员工如何提高自身能力与价值，获得晋升发展？如何通过培训建立学习型组织，把被动的培训转化为主动的学习？如何提升员工的能力，使之胜任岗位要求，促进组织变革与发展？

因此，培训工作对员工的价值体现在以下三个方面：一是员工参训后行为改变，能力得到提升；二是员工提高了个人绩效，实现职业晋升发展；三是"主人翁"意识深入员工心中，员工的荣誉感和归属感增强，激情和敬业度提高，可以更好地融入企业。

5. 培训是否跟上行业的发展

衡量培训效果的好坏，还要找到对标企业，与同行进行比较，看企业先进技术和方法的导入是否促进企业转型。对新技术、新方法的关注、引进、转化与执行的力度，是影响组织效能的重要因素。培训管理者与老板、高层管理者需要一同前瞻性地思考所处行业的发展与变化趋势，探讨在未来趋势变革过程中如何提前进行人才储备和培养，促进业务发展，帮助企业引领行业竞争，使员工价值最大化，自身队伍能力也得到提升。这正是培训的价值所在。

6. 培训管理者是否是一个成功的职业经理人

"生命的高贵不因累积而完成，却能因分享而发光"。优秀的培训管理者，是一个传道授业的组织策划者，往往拥有丰富的人生经历，能分享自己的心路历程、酸甜苦辣，感染众人。培训管理者在成就他人中成就自我，传递他人智慧时也增加自己的人生智慧。做好以下四大角色，培训管理者就能成为一个成功的培训经理人。（如表1-2所示）

表1-2 培训管理者的角色与职责

利益相关者	职 责	角 色
老板/ 高层领导	主动参与战略设计，配合人才供给，并支持战略推进； 协助推动企业文化建设与组织变革	战略伙伴 变革推动者
业务领导	支持业务，满足业务发展对人力资源的需求； 提升部门及员工的绩效	业务伙伴 绩效改进顾问
员工	以学习者为中心； 提供学习与发展机会	成长伙伴 学习教练
培训管理者 自身	隐性知识管理； 学习发展体系与项目设计、管理	知识管家 学习设计师

（1）战略伙伴与变革推动者

培训需要从公司战略规划和变革需求出发，将其当作一项业务来设计和运营，直接创造出效益，做出实实在在的业绩，配合战略推进，引领或支撑战略变革。

（2）业务伙伴与绩效改进顾问

培训管理者要成为企业的绩效改进顾问，从业务部门的实际问题出发，分析绩效差距的根本原因，并采取培训等手段帮助业务部门解决问题，达成业务目标，实现绩效提升。

（3）成长伙伴与学习教练

从员工的需求出发，激发员工的热情和主动性，提供符合其学习需要的资源、条件与专业支持，让其掌握必备的工作技能。

（4）知识管家与学习设计师

培训管理者要承担起组织知识管理的基本职责，不断激发知识的创新、沉淀、应用和共享，使隐性知识显性化，系统设计学习发展项目，达到组织发展的目的。

要达到以上的目标，作为一个培训管理者应具备前瞻性的思考力、资源整合利用力、学习和应变力、沟通措施力、实施推进力。只有这些能力齐发，视野才开阔，方向路径才正确，才能看得清、行得准、效果真、认同高，才能实现培训的价值。

总而言之，企业的战略就是培训的方向，业务的需求就是培训的目标，员工的满意就是培训的宗旨。培训工作要做到以绩效为导向，"上接战略，密联业务"。只有这样，培训工作才能真正被老板、业务领导、员工认同，起到行业引领的作用。

1.3 当前培训的误区及挑战

1.3.1 预算有多少培训做多少

培训作为一种人力资本投资，必然需要预算支持，而企业往往只将培训作为成本来看待，经济效益好的时候进行培训投入，一旦经济效益不好，最先削减的便是培训预算，教育经费成为降成本的"第一着力点"，从而导致出现"巧妇难为无米之炊"的尴尬局面。培训管理者要说服领导花钱做培训，需要一种智慧和能力。

1.3.2　追求时尚跟风培训

培训跟风，市面上流行什么，就想培训什么，忽略了培训需要量体裁衣，适用适合的原则来开展。

1.3.3　只做项目不搭建体系

在与诸多企业培训管理者的沟通中，发现已经建立好培训体系的企业屈指可数，绝大多数还只是停留在开展培训班的起步阶段，再进一步谈及系统性的培训体系建设、培训品牌的打造就是更难的事情了，所以企业培训不仅要努力把培训项目做好，还要一点一滴把企业自身的培训体系逐步完善起来。

1.3.4　工学矛盾培训让道

现代企业运营节奏非常快，尤其是互联网企业，没有不加班的岗位，没有不加班的人；传统制造企业面对互联网企业的挑战，对员工的技能水平要求比原来高了，长时间的脱岗培训变得越来越少了。面对这样的一个情况，参训者一定没有时间去听课，更不要说参加为期两天或者更长时间的高大上的课程了。工学矛盾突出，员工要工作，企业要业绩，在工学发生矛盾时，培训自然要为工作让路了。

1.3.5　培训如何转化绩效

如何将培训效果转化为可量化的绩效，是目前培训行业普遍面临的难题。企业的本质是盈利发展，培训部门作为成本专用中心，本身并不直接创造利润，投入大量培训经费开展的培训，其效果难以转化为绩效，不被管理者认可，这对培训管理者来说，是很郁闷又受挫的事。

1.3.6 培养快人才流失也快

社会环境在不断变化，市场竞争加剧，好的企业人才往往被竞争企业猎取。不培养人才企业发展无力，企业都在大力培养人才，如果企业缺少平台和留人机制，最容易发生的事情就是人才培养快人才流失也快。

1.4 最佳培训是如何做的

1.4.1 搭建好培训体系

1. 搭建好人才队伍

搭建专业的人才队伍，是保证培训有效落地的关键。培训部门需要精准地识别各支人才队伍的关键能力，才能更好地匹配各支人才队伍的培训课程，加深人才队伍的专业化程度。

2. 实施好培训流程

一个简单有序、方便实施的培训流程，可以为培训管理者减少很多细碎而不必要的工作，提高工作效率，提升培训满意度。

3. 进行好培训管理

课程开发、内训师培养、培训供应商管理和培训经费的管理都是人才队伍培养的基石，进行好培训管理，可以为培训管理工作提供丰富的培训资源和有力的培训保障。

4. 建立好培训制度

培训制度是培训实施的有效保证，明确培训组织保障、科学的培训协议政策等，既可以保证培训组织的有效推进，又能激励员工，还可以保证企业利益。（如图1-4所示）

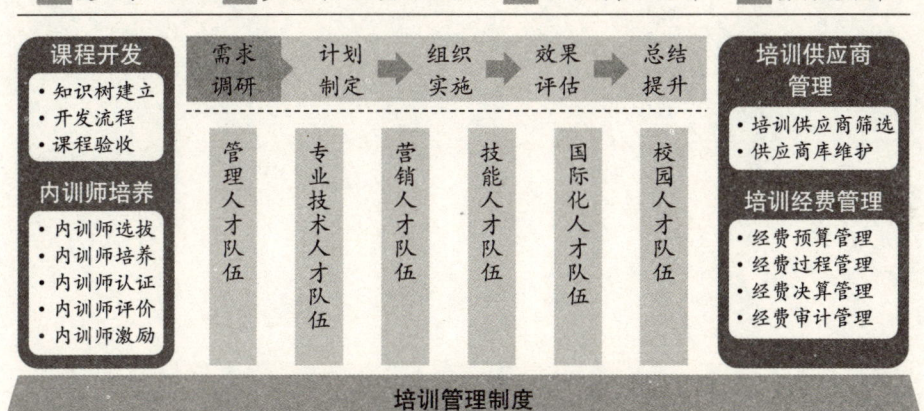

图1-4 "6-5-4-1"培训体系搭建

1.4.2 建设好培训文化

建设基于人才发展能力提升的学习型组织的培训文化，能够为业务解决切身利益问题，让业务部门主动培训，从"我要培训"变成"我想培训"，是解决培训积极性最有效的手段。

1.4.3 发展市场化培训

一般来说，企业培训部门基本都是成本中心，每年在培训项目上花费大量的培训经费。但随着培训能力、影响力的提升，一些企业成立了企业大学，他们的培训已经开始从内培转向外培，对外来参加培训的人员进行收费，内部培训也参照市场化收费来结算，如海尔大学、京东大学、吉利汽车的吉利学院、领克学院等。

第二章

企业培训需求来自哪里

2.1 战略方向在哪需求就在哪

2.1.1 培训需求来自战略

企业战略目标的实现和组织的转型、业务的创新、新技术新方法的引进推广、企业文化的落地等都会产生培训需求。企业要根据组织战略、组织经营方针，找出组织高层、中层、基层为完成目标计划所存在的差距及管理过程中的问题，找出培训需求；明确清晰的组织目标对组织的发展起决定性作用，同时对培训规划设计与执行起决定性作用。组织战略指导培训策略，培训目标来源于组织目标。

组织战略绩效层面的分析就是要解决公司高层管理者这样的问题：培训对实现企业的战略目标重要吗？培训怎样支持战略目标的实现？哪些职能部门和业务经营主体需要培训？从一个企业的发展阶段来看，企业所处生命周期不同，其相应的组织培训需求就有所不同。围绕生命周期规律，通过对资源、特质、环境等因素的分析，准确地找出企业存在的问题及问题产生的原因，进而通过归纳分类与重要性排序，并通过培训来解决这类问题。组织战略绩效层面的需求调查，主要通过与公司高层的访谈来获取。

2.1.2 培训需求来自业务

业务绩效差距、业务面临的问题、重点业务问题需要借助一定的工具方法来进行分析，找出导致业务绩效差距及业务问题产生的原因，甚至需要借

助一定的培训方案促进业务问题的解决。(如表 2-1 所示)

表 2-1 业务绩效问题

序 号	询问组织的问题	回 答
1	组织现在面对的关键问题是什么	
2	你如何为这些问题排列优先次序？请从对组织成功最关键的问题开始	
序 号	针对每个问题，提出以下疑问	回 答
1	问题是什么？请详细描述该问题	
2	标志性问题解决的可操作结果是什么	
3	为什么解决该问题是实现组织成功的关键	
4	每个问题将会涉及哪些业务或者职能	
5	为解决每个问题，这些业务或者职能中的员工需要做什么或做哪些提升改变？员工们当前的绩效如何？要解决这些问题他们的绩效应该如何	
6	这些业务或者部门的员工需要学习什么才能解决这些问题	
7	除员工绩效外，还有哪些因素对每个问题有影响	
8	为解决这些问题，你计划进行哪些变革（例如，模式调整、组织变革、职责调整等）	
9	这些变革将会影响哪些业务或部门	
10	由于这些变革，这些业务或者部门的员工需要学习提升什么能力	

2.1.3 培训需求来自员工

员工的需求主要来源于两个方面：胜任岗位需求与职业发展需求。

第一，胜任岗位需求。主要包括员工基于对岗位任职资格技能的掌握和为取得高绩效而产生的培训需求。

一方面岗位任职资格对员工应具备的知识、技能、素质等做出要求，员工为了达到岗位任职资格要求，必然要进行胜岗知识技能培训；另一方面绩效评价是评估员工绩效是否达标的重要手段之一，如果由于员工自身原因产生了绩效不达标，就需要究其背后深层次的原因。找到员工知识、技能和态度方面的差距，培训需求就产生了。

第二，职业发展需求。主要包括组织希望员工从自身职业发展目标出发以及对所从事的职能变化所需技能的培训需求。

员工发展的动力一方面来源于对自己未来职业的规划，有了职业规划，员工就知道自己的职业发展目标，进而会去做相应的学习培训，这样培训需求就产生了。员工发展的动力另一方面来自对自己业务的不断创新以及外界环境的影响。

通过对以上两个方面培训需求的调查了解，将这两方面的需求结合起来形成培训计划的基点，只要有了这个基点，培训计划就有可行性和有效性。当然，培训效果的好坏还取决于其他因素，如培训计划、组织实施等。

2.1.4 培训需求来自自我

作为企业的培训管理者，在满足组织战略、业务发展和员工发展而组织培训的时候，其实自己也是有明确诉求的，比如通过对行业前沿课题和标杆企业培训先进模式的研究，创新自己的培训方式，给企业带来新颖的培训需求，为企业带来新的活力。

2.2 技术要突破需求要跟随

社会经济的快速发展，要求现代企业具备快速响应市场、进行产品技术创新的能力。企业技术的革新、产品结构的升级使得越来越多的企业意识到引进外部先进理论知识和技术的重要性。外部培训的引入可以助力企业完成技术突破，实现转型升级。

2.3 管理求创新需求有新意

企业管理创新是指在企业中建立适应社会主义市场经济的经验观念、组织结构、决策机制和激励约束机制等一系列新型管理制度的活动。面对复杂多变的市场环境，企业只有求变，主动应变，创新变革才能获得生存。我们需要用创新的思维来推动企业创新，创新是一个企业发展的灵魂，需要有实实在在的东西。因此想要激发管理层的创新思维，需要引入外在新知，在不断接受新东西的过程中激发大家去创新，这正是培训需要给出的系统解决方案之一。

第三章
培训需求有哪些调查工具

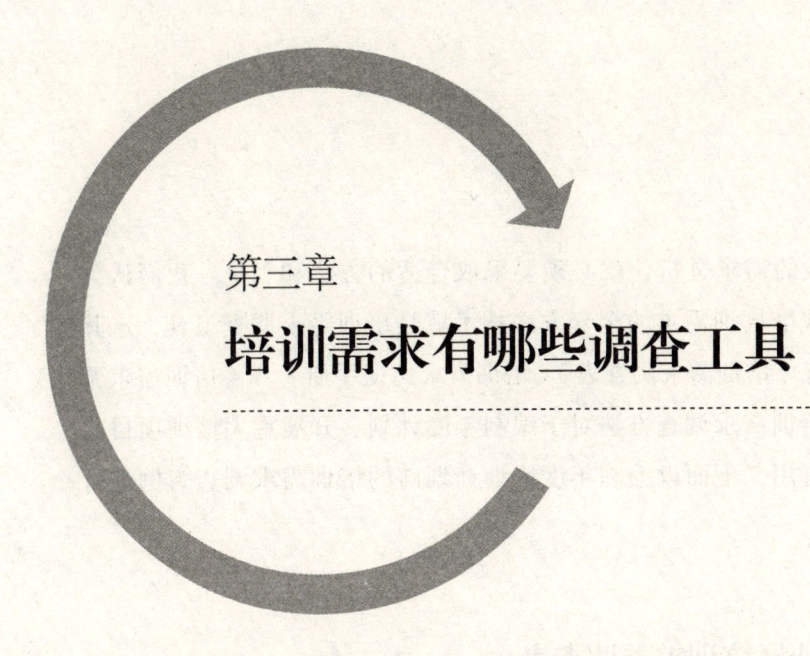

要进行有效的需求分析，就必须要采取合适的方法和工具。我们认为能提供给企业找准培训需求的全套方法技术就是培训需求调查工具，这其中比较常用的有《培训需求调查表》《培训需求访谈手册》和《培训需求调研报告》等。培训需求调查方法对于编制年度计划、开展重大培训项目前期策划等非常有用，下面以编制年度培训计划前的培训需求调查为例进行说明。

3.1 如何设计好培训需求调查表

各个业务部门可以根据预期目标和业务现状的差距，分析培训需求，同时确定培训课程和具体内容，表格简单直接，易于筛选总结。（如表 3-1 所示）

表 3-1 培训需求调查表

序号	部门	需求对象	需求内容		目前现状	预期目标	调查人数	需求人数	计划培训日期	培训形式			需求跟踪		备注
			需求课题	详细内容						互动研讨	集中授课	其他	需求分析	是否组织此培训	

（表头："能力差距及培训需求说明"）

3.2 如何设计培训需求调查问卷

需求调查问卷可以基于以下示例进行设计，内容多且全面，问卷发放时可以利用公司内外部的线上问卷平台进行发放，便于回收总结。（如表3-2所示）

表3-2 培训需求调查问卷

××单位培训需求调查问卷

个人信息：1）姓名　　　　2）单位　　　　3）部门
　　　　　4）岗位名称　　5）职级（或专业任职资格等级）

本次调查的目的：
　　请您从以下方面识别自身培训需求：《岗位说明书》上的基本技能要求、专业任职资格标准能力项、岗位工作目标、岗位所需掌握的行业内法规政策及先进理论与方法、个人绩效考核及改善意见，及直管/主管领导反馈的意见。您的宝贵建议是各部门/单位开展培训工作的重要依据，谢谢！

1. 目前，您所接受的公司培训在数量上您认为怎么样？
   A. 足够　　　　　B. 还可以　　　　C. 不够　　　　　D. 非常缺乏

2. 您认为，本部门内部关于产品知识、行业和市场信息、工作任务的培训、讨论、分享是否充分？
   A. 充分　　　　　B. 还可以　　　　C. 不够充分　　　D. 基本没有分享

3. 您认为，本部门组织的培训、讨论、分享等活动，对业务管理水平、工作效率提高的支持度怎么样？
   A. 支持力度大　　B. 支持力度还可以　C. 效果不明显　　D. 基本没有支持

4. 根据您目前所在岗位，您认为最需要提高的通用技能是？（可多选，1—3项）
   A. 时间管理　　　B. 沟通协调　　　C. 表达能力　　　D. 办公软件操作
   E. 公文写作　　　F. 专业技术能力　G. 自我管理　　　H. 团队协作
   I. 其他

5. 您比较喜欢的培训形式是？（可多选，2项）
   A. 外聘讲师培训　B. 外部公开课　　C. 内聘讲师培训　D. 参观考察
   E. 您的建议＿＿＿＿＿＿

6. 您比较喜欢的教学方法是？（可多选，2项）
   A. 课堂讲授　　　B. 讨论交流　　　C. 案例教学　　　D. 情景模拟
   E. 在职指导　　　F. 您的建议＿＿＿＿＿＿

续表

7. 您认为培训效果的测评方式应当采取？（可多选，2项）
   A. 书面考试　　　　B. 撰写心得体会　　C. 课下讨论、分享　　D. 工作课题任务
   E. 直接主管评价
8. 您认为实际的部门培训计划制订与执行中，存在最突出并亟待解决的问题是？（可多选，2项）
   A. 培训计划的制订中，培训主管的指导作用不明显
   B. 培训计划的制订和执行，员工直线主管的作用不明显
   C. 培训计划执行力度不强，计划完成率低
   D. 缺少相关专项岗位/能力等专项培训计划
   E. 您的建议_____
9. 关于通用能力培训实施中，存在最突出并亟待解决的问题是？（可多选，2项）
   A. 培训课程内容缺乏针对性　　　　B. 内部培训讲师讲授水平待提升
   C. 培训形式较为单一　　　　　　　D. 缺乏培训效果跟踪
   E. 各级管理人员重视程度不足　　　F. 单位/部门工学矛盾突出
   G. 您的建议_____
10. 您认为公司目前内部讲师急需提升的能力是？（可多选，2项）
    A. 管理及专业经验总结能力　　　　B. 解决实践操作问题的能力
    C. 了解培训对象的需求、特点　　　D. 课程内容开发能力
    E. 具体授课技巧、方法　　　　　　F. 工作、实践案例的开发能力
11. 您目前希望参与的培训课程内容倾向于？（可多选，2项）
    A. 政策法规、基本理论知识类等
    B. 岗位职责、业务管理及操作流程等专业课程
    C. 专业软件、技术方法等专业课程　　D. Office等通用办公技能
    E. 目标管理等职业素质养成课程　　　F. 管理事件、工作案例分析等
12. 您认为目前部门业务管理、操作流程及专业技能等专业课程开发存在的突出问题是？（可多选，2项）
    A. 不了解培训对象的需求、特点
    B. 课程大纲逻辑梳理存在问题
    C. 课程核心内容的界定不清晰
    D. 知识、技能专业度不足，对学员教育意义不大
    E. 您的建议_____
13. 您目前可担当内部讲师的岗位类课程与专业技能类课程是？
    岗位类：
    专业技能类：
    （注：对同一专业序列岗位人员培训或对各单位相关部门同类型或下一级岗位培训）

续表

14. 上年度您参加的部门内部培训中，您推荐长期或推广讲授的三门课程的主题是？
    A.   B.   C.
15. 对下年度的部门培训工作，您还有其他思路或要求，请写明：
    您的建议是：

3.3 如何编制培训需求访谈手册

培训部门可以选择具有代表性的管理者或员工进行培训需求访谈，面对面地交谈有利于更好地理解业务部门和员工的需求。培训需求访谈手册可以通过访谈目的、对象、流程设计、问题清单等内容进行设计，具体如表3-3所示。

表3-3 培训需求访谈手册

培训需求访谈手册

一、培训需求访谈的目的：
年度培训需求访谈主要是为了帮助我们获取以下信息：
1. 清晰界定需要改善的业务问题：什么需要改变？
2. 确认导致该问题的行为因素：根本原因是什么？
3. 区分培训需求和非培训需求：培训能否起到作用？
4. 确定培训需求的轻重缓急：哪些急需解决？
5. 培训设计的参数：多大改善可以被接受？
二、培训需求访谈的对象：
本次培训需求访谈对象为各单位/部门副总监级以上人员。
三、培训需求访谈的流程：
1. 培训需求访谈工作流程（主流程）：
成立访谈小组→选择访谈对象→明确关键议题→构建访谈提纲→
确定日程安排→需求访谈实施→撰写访谈纪要
访谈小组要点：
  ➢ 谁做开场白，谁收场？
  ➢ 谁负责记录？
  ➢ 如何给小组成员分配不同的访谈议题？

续表

访谈实施要点：
- 明确访谈目的。
- 掌握时间安排（如：各议题的时间分配）。
- 深度重要还是广度重要？
- 时间限制？
- 区别"必须了解的信息"和"最好了解的信息"。
- 确定最终目标——"在访谈结束之前，我最想问的三个问题"。

2. 培训需求访谈实施流程（引申流程）：

界定问题→分解问题→优先排序→分析议题→归纳建议→再次确认

（即，针对培训规划，我们要明确业务问题，确定问题的根源，确定培训内容与培训目标）

四、培训需求访谈的问题清单：

（注：本示范问题，仅用于对访谈实施过程的指导）

1. 当访谈对象有具体的培训需求时，可应用的延伸性问题：
- 这个培训有什么业务背景？针对什么业务问题？
- 是什么使得这个培训变得这么紧迫了？
- 这个培训的目标对象是谁？
- 确认/总结语：您最希望这个培训帮助您改善×××（衡量指标），对吗？

2. 选择正确的提问方式，并了解问题本身的引导作用：

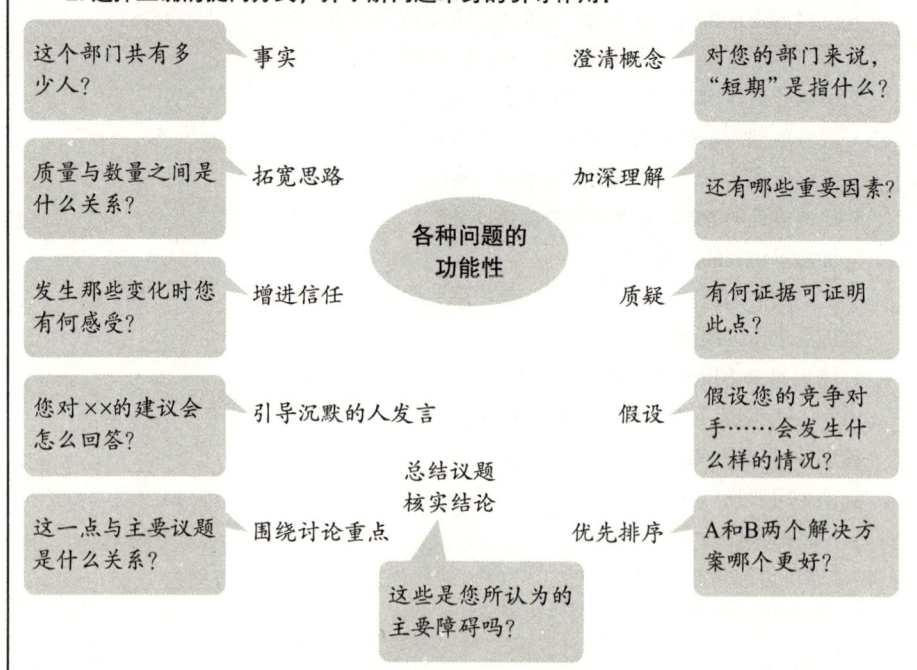

问题	功能	问题	功能
这个部门共有多少人？	事实	对您的部门来说，"短期"是指什么？	澄清概念
质量与数量之间是什么关系？	拓宽思路	还有哪些重要因素？	加深理解
发生那些变化时您有何感受？	增进信任	有何证据可证明此点？	质疑
您对××的建议会怎么回答	引导沉默的人发言	假设您的竞争对手……会发生什么样的情况？	假设
这一点与主要议题是什么关系？	围绕讨论重点	A和B两个解决方案哪个更好？	优先排序
这些是您所认为的主要障碍吗？	总结议题 核实结论		

各种问题的功能性

续表

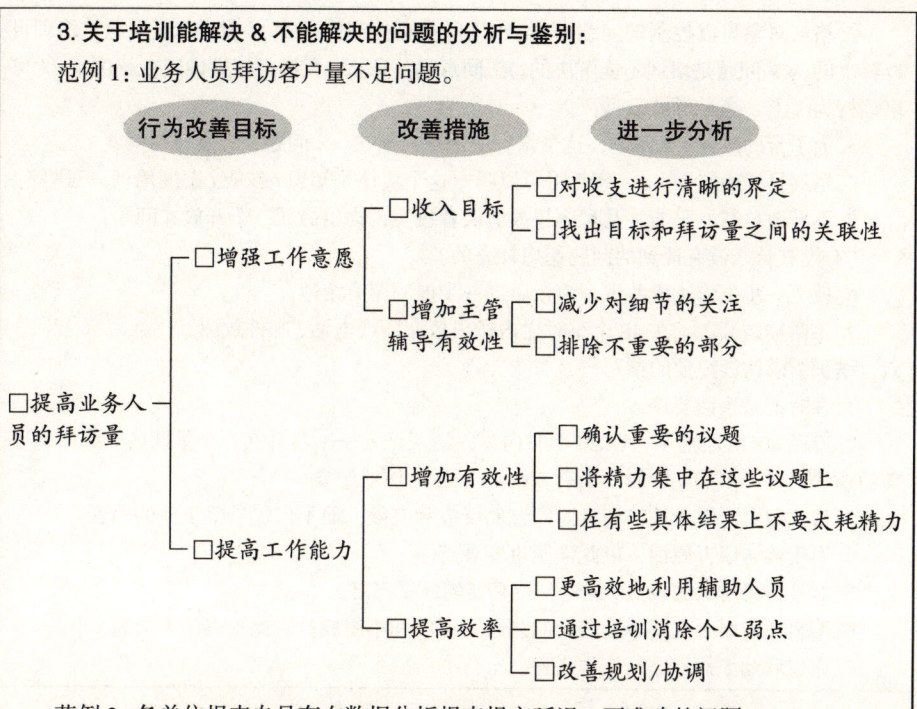

3. 关于培训能解决 & 不能解决的问题的分析与鉴别：

范例1：业务人员拜访客户量不足问题。

```
                      行为改善目标        改善措施           进一步分析

                                                         ┌□对收支进行清晰的界定
                                        ┌□收入目标──┤
                                        │            └□找出目标和拜访量之间的关联性
                      ┌□增强工作意愿──┤
                      │                 │                ┌□减少对细节的关注
                      │                 └□增加主管──────┤
                      │                   辅导有效性      └□排除不重要的部分
  □提高业务人 ───────┤
  员的拜访量          │                                  ┌□确认重要的议题
                      │                 ┌□增加有效性──┤将精力集中在这些议题上
                      │                 │                └□在有些具体结果上不要太耗精力
                      └□提高工作能力──┤
                                        │                ┌□更高效地利用辅助人员
                                        └□提高效率────┤□通过训消除个人弱点
                                                         └□改善规划/协调
```

范例2：各单位报表专员存在数据分析报表提交延迟、不准确的问题。

层次	差距	可能原因	培训需求分析鉴别
组织与流程问题	没有统一的系统	各部门对系统要求不一，现有系统不能满足每个部门的需求	/
	数据要求不明确	公司没有对数据的明确要求，或者有要求但没有明确传达下去	/
	不知道数据收集的意义	公司没有将数据收集的作用和意义告知；收集后也没有反馈	/
员工问题	无明确职责	公司没有统一要求	/
	不能直接制作图表	缺少方法或工具	是
	报告迟到近十天	收到信息就完了	/
	40%数据不可用	信息要求不明确	/
	报告撰写效率低	结构性思维差，报告撰写能力不足	是

五、培训需求访谈常用的总结性话语

1. 看来引起这个问题的根源是×××（行为或者因素），对吗？

续表

> 2. 培训对象可以控制的问题是××××（学员可控制的行为）。其中××问题是培训可以解决的，××问题是培训不能解决的，您同意吗？那么，我们把培训确定在解决××（可培训行为）上，您觉得可以吗？
> 3. 为了帮助改善××问题，这个培训应该重点解决××问题，您觉得对吗？
> 4. 培训目标确定在××，您觉得可以吗？这个应该是知识／技能／态度培训，对吗？
> 5. 不断地总结、归纳并及时地与被访谈者核实，提出最后一个开放式问题："有没有什么没有谈到的问题您想补充的？"
> 6. 就下一步工作达成共识，为今后进一步提问留有余地。
> 7. 感谢被访谈者，在48个小时之内送出致谢信或电话／邮件致谢。
>
> **六、培训需求访谈纪要的撰写**
> 1. 及时记录谈话要点。
> 2. 遵循80/20原则——在20小时内写完访谈纪要——与其在一个星期内完成一个完美的访谈纪要，不如立即做一个有80%准确性的访谈纪要。
> 3. 访谈纪要应提及被访谈者对问题的反应和态度，而不仅仅局限于他的回答。
> 4. 引用被访谈者原话，以此强调重要观点。
> 5. 对被访谈对象的观点／评论，持必要的怀疑态度。
> 6. 不要在纪要中说明争议较大的观点，可以和小组成员对此观点私下沟通。
> 7. 完成后续工作，履行工作诺言。

3.4 如何编制培训需求调查报告

培训需求调查报告是确认培训计划的重要来源之一，培训部门可以围绕调查概况、调查结果、调查分析、课程体系规划等维度进行编制，具体如下。

表 3-4 培训需求调查报告

×××部门××年度培训需求调查报告
编制：
审核：
批准：
一、目的
为了使培训工作能紧密结合企业发展战略，前瞻性地为业务部门策划培训支持工作，掌握和确定员工的知识、技能需求，确认员工绩效差距，针对性制订本单位××年度培训计划，特组织××年度培训需求调查工作，结合调查问卷回收信息及统计分析结果、管理人员访谈记录，特编制本培训需求调查报告。

续表

二、内容
1.培训需求调查概况： （1）调查问卷及调查对象 （2）访谈实施及访谈对象 （3）调查问卷的发放与回收

部　门	应回收	实际回收	回收率	问卷工作评价	
				正向评价部门	负面评价部门

注：汇总答卷及访谈实施情况，总结好的答卷方式及访谈方法。

2.组织培训需求调查结果：（结合中高层管理人员访谈/问卷结果输出）

（1）组织战略的培训需求：

①本单位或业务使命与宗旨，本单位经营战略与年度目标，年度规划：

②本单位年度关键管理事项与重大影响因素：

③本单位经营管理模式对培训需求的影响：

④本单位业务发展重点对培训需求的影响：

（2）业务部门发展的培训需求：

①本单位主要业务/职能部门的年度工作重点：

②本单位下一年度关键的业务能力提升与培训重点：

③各业务部门领导提出的系统培训思路：

（3）人才发展的培训需求：

注：含"管理者发展通道"与"专业技术发展通道"两方面的职业发展培训需求。

①各项人才发展的瓶颈因素、能力短板：

②本单位急需的干部队伍的培训需求：

③本单位急需的业务/技术专家的培训需求：

（4）岗位能力的培训需求：

①关键岗位范围、现在岗人员知识技能水平差距存在的问题：

②人员基本技能的培训需求：

③人员业务技能的整合培养、培训思路：

3.管理人员管理能力调查

（1）本单位基层管理人员管理能力分析：

（2）本单位中层管理人员管理能力分析：

（3）本单位高层管理人员管理能力分析：

4.重点人才队伍培训目标与策略：

续表

5.培训现状调查总结分析：（相关问卷统计分析结果，请插入饼状图或柱状图）

（1）分析内容（包括本单位培训的重要性、培训对工作绩效的帮助、学习方式、培训形式、教学方法、培训的课程、讲师风格、培训时间安排、培训频率、效果评估方式、培训目前存在的问题）：

（2）培训现状小结：

（3）培训工作改善建议：

6.培训课程体系建设规划：

（1）本单位现存的课程资源存在的问题：

（2）本单位年度课程体系建设重点：

7.培训讲师培养的工作思路：

（1）本单位现存的讲师资源存在的问题：

（2）本单位年度讲师培养重点（包括讲师认证比例、应用情况等）：

8.××年培训工作重点与创新：

第四章
培训需求有哪些调查方法

员工培训需求的调查方法有很多，本章重点介绍四种常用的培训需求调查方法。

4.1 培训需求面谈法

面谈法是指访谈者根据与受访人面对面的交谈，从受访人的表述中发现问题，并进行汇总，进而判断出培训需求的调查方法。

面谈分为正式面谈、非正式面谈。正式面谈是访谈者以标准的模式向所有的受访人提出同样问题的面谈方式；非正式面谈是指访谈者针对不同的受访人提出不同的开放式问题以获取所需信息的面谈方式。

4.1.1 面谈法优劣分析

面谈法同其他培训需求调查方法一样，有优缺点和适用范围，所有企业在实际开展培训需求调查时，最好不要只使用一种方法。面谈法的具体优缺点如图 4-1 所示。

面谈法的优点	面谈法的缺点
（1）得到的资料全面 （2）得到的资料真实 （3）能够了解问题核心，有效性较强 （4）能够得到自发性回答 （5）能够控制非语言行为 （6）开展团体面谈可以节省时间	（1）受访人容易受到访谈者的影响 （2）需要投入较多人力、物力、时间 （3）面谈涉及的样本量较小 （4）可能给受访人带来不便 （5）可替代性较差

图 4-1　面谈法优劣分析

4.1.2　面谈法实施步骤

通过面谈法收集培训需求分析信息时，可以按照图 4-2 所示的步骤执行。

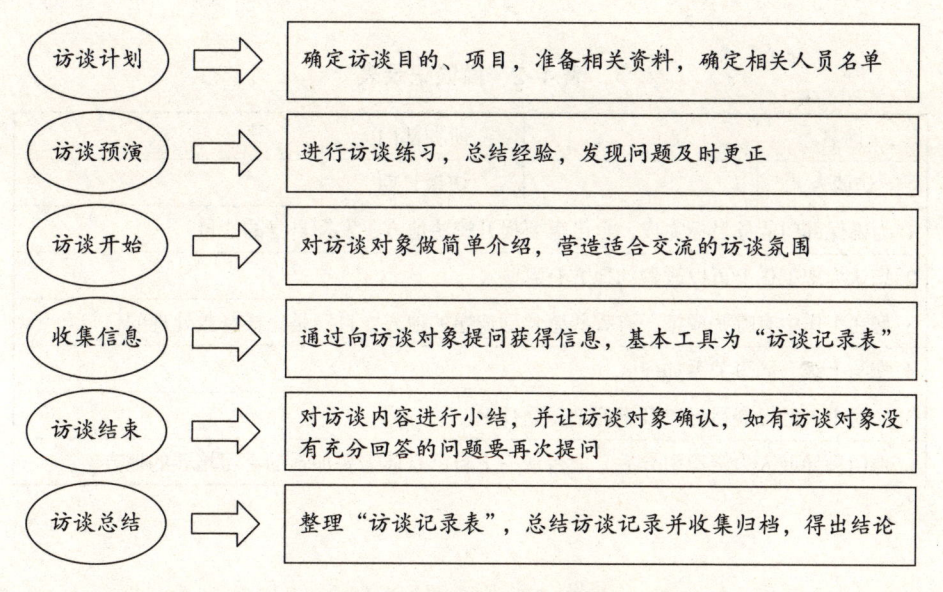

访谈计划 ⇨	确定访谈目的、项目，准备相关资料，确定相关人员名单
访谈预演 ⇨	进行访谈练习，总结经验，发现问题及时更正
访谈开始 ⇨	对访谈对象做简单介绍，营造适合交流的访谈氛围
收集信息 ⇨	通过向访谈对象提问获得信息，基本工具为"访谈记录表"
访谈结束 ⇨	对访谈内容进行小结，并让访谈对象确认，如有访谈对象没有充分回答的问题要再次提问
访谈总结 ⇨	整理"访谈记录表"，总结访谈记录并收集归档，得出结论

图 4-2　面谈法实施步骤

4.1.3 面谈法关键技术

组织在针对新员工、专员、主管、经理等不同级别的员工进行培训需求调查时，要依据具体要求选择面谈内容。(参见表 4-1)

表 4-1　面谈法实施关键点

受访人员类别	面谈法实施关键点
新员工	访谈企业发展、企业文化、规章制度、职业化心态等内容
专员级员工	访谈岗位要求的应知应会、专业技能、团队文化等内容
主管级员工	访谈职业化、管理技能、团队协作等内容
经理级员工	访谈管理能力、领导力提升、战略思维等内容

4.1.4 设计面谈记录表

表 4-2　面谈记录表

姓名		所在部门	
访谈人		访谈日期	
1. 为确保部门业务目标完成，自己需要提升哪些地方，发挥自身的能量			
2. 您认为您工作上可以改善的地方有哪些			
3. 您在工作中有哪些成绩，有哪些感觉到遗憾的地方？自己是怎样补救处理的			
4. 您与上级、同事关系如何			
5. 您对个人的发展目标以及事业期望是什么			
6. 部门领导或人力资源引导后，能否谈一下自己具体需要加强的学习培养的地方			

4.2　培训需求问卷调查法

问卷调查是指通过预先设计的调查问卷收集培训需求和信息的调查方法。

4.2.1 问卷调查法分析

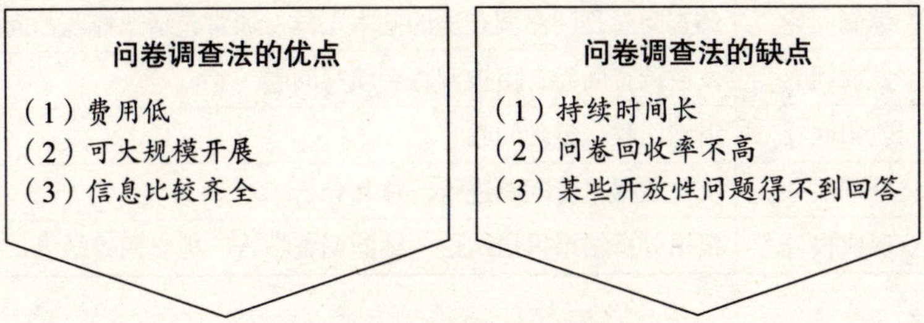

问卷调查法的优点
（1）费用低
（2）可大规模开展
（3）信息比较齐全

问卷调查法的缺点
（1）持续时间长
（2）问卷回收率不高
（3）某些开放性问题得不到回答

图 4-3　问卷调查法分析

4.2.2 问卷形式有几种

问卷形式包括封闭式、开放式、探究式、引导式四种，具体如表 4-3 所示。

表 4-3　问卷形式分类

类型	特　征	作　用
封闭式	只能用"是"或"否"来回答的提问方式	对需求的直接定位
开放式	采用"什么""如何""为什么"等提问，回答时不能用"是"或"否"来简单应对；例如，"你为什么参加此类培训"	发掘对方的想法和观点
探究式	更加具体化，采用"多少""多久""谁""哪里""何时"等提问；例如，"你希望这样的培训多久举行一次"	探讨需求的真伪
引导式	提问者有暗示性的引导用语，用于明确让问卷者逐步靠近组织者的目标和意图	引导被访谈对象逐步得出结论

4.2.3 问卷调查有几步

开展一次完整的培训需求问卷调研通常需要遵循以下步骤（如表 4-4 所示）：

表 4-4　问卷调查步骤

步骤	内容	说明
1	制订调查计划	明确调查目标及任务，并制订计划，保证调查紧紧围绕目标展开
2	编制问卷	调查问卷是问卷调查法的基本工具，通常包括选择题和问答题
3	发放问卷	发放调查问卷，由被调查者填写问卷
4	收集问卷	组织回收、整理问卷
5	处理信息	统计数据，将问题进行汇总和分析
6	形成报告	根据分析结果得出结论，编制调查报告，提交调查结果

4.2.4　设计问卷调查表

表 4-5　问卷调查表

××××年度培训需求调查

个人信息采集：（1）姓名　　　　（2）单位　　　　（3）部门
　　　　　　　（4）岗位名称　　（5）职级（或专业任职资格等级）

本次调查的目的：

为了更好地匹配您的培训需求，使培训项目更具针对性和实用性，切实有助于您的日常工作，特进行本次问卷调查，敬请惠予宝贵意见。我们将基于您的反馈，结合公司战略、业务模式制订××××年度培训计划。您的意见和建议将得到充分尊重，感谢您的协助与支持，祝您工作愉快！

1.根据您目前所在岗位，您认为最需要提高的通用技能是？（可多选，1-3项）

A.时间管理　　　　　　　　B.沟通协调
C.表达能力　　　　　　　　D.办公软件操作
E.公文写作　　　　　　　　F.自我管理
G.团队协作　　　　　　　　H.其他

2.您比较喜欢的培训形式是？（可多选，2项）

A.外聘讲师培训　　　　　B.外部公开课　　　　　C.内聘讲师培训
D.线上学习　　　　　　　E.参观考察

3.您希望参与的培训内容倾向于？（可多选，3项）

A.政策法规、基本理论知识等
B.岗位职责、业务管理及操作流程等专业课程
C.专业软件、技术方法等专业课程
D.OFFICE等办公软件使用
E.目标管理等职业素质养成课程
F.管理事件、工作案例分析等

续表

> 4. 您认为培训效果的评估方式应当采取？（可多选，2项）
> A. 反应评估（培训满意度调查、座谈等）
> B. 学习评估（提问、笔试、模拟练习等）
> C. 行为评估（行为观察、绩效评估等）
> D. 结果评估（成本收益率分析、客户与市场调查等）
> 5. 您认为目前公司内部讲师急需提升的能力是？（可多选，3项）
> A. 管理及专业经验总结能力　　　B. 解决实践问题的能力
> C. 了解培训对象的需求、特点　　D. 课程内容开发能力
> E. 具体授课技巧、方法　　　　　F. 工作、实践案例的开发能力
> 6. 对××××年培训工作的开展，您对讲师认证工作的建议是？（可多选，2项）
> A. 提高讲师课酬　　　　　　　　B. 一年认证一次
> C. 一年认证两次　　　　　　　　D. 多开展讲师认证培训
> 7. 对××××年培训工作的开展，您对内部课程开发工作的建议是？（可多选，3项）
> A. 提高开发课程奖励　　　　　　B. 简化课程包
> C. 加大专业类课程开发　　　　　D. 加大通用类课程开发
> E. 多开展课程开发技巧培训　　　F. 增加面授课程开发
> G. 增加线上课程开发
> 8. 在上年度您参加的内部培训中，您推荐长期讲授的三门课程的主题是？
> A.　　　　　　　　B.　　　　　　　　C.
> 9. 对××××年培训工作的开展，您希望借助外部资源提升的能力是？
> A.　　　　　　　　B.　　　　　　　　C.
> 10. 对××××年培训工作的其他想法和建议（如资源开发、网络学习平台等）：

4.3 培训需求现场观察法

现场观察法是通过到工作现场观察员工的工作表现，发现问题，获取信息数据。运用观察法的第一步是要明确所需要的信息，然后确定观察对象。观察法最大的一个缺陷是，当被观察者意识到自己正在被观察时，他们的一举一动可能与平时不同，这就会使观察结果产生偏差。因此观察时应该尽量隐蔽并进行多次观察，有助于提高观察结果的准确性。当然，这样做需要考虑时间和空间条件上是否允许。

在运用现场观察法时应该注意以下几点：

1. 观察者必须对要进行观察的员工所进行的工作有深刻的了解，明确其行为标准，否则无法进行有效观察。

2. 进行现场观察不能干扰被观察者的正常工作，应注意隐蔽。

3. 观察法的适用范围有限，一般适用于易被直接观察和了解的工作，不适用于技术要求较高的复杂性工作。

4. 必要时可请陌生人进行观察，如请人扮演顾客观察终端销售人员的行为表现是否符合标准或处于何种状态。（如表4-6所示）

表4-6　培训需求调查观察表

观察对象：　　　　　　　地点：　　　　　　　观察时间：

观察内容	差	一般	好	较好	优秀
工作纪律					
工作态度					
工作熟练程度					
时间安排					
工作完成情况					
工作效率					
团队意识					
整体工作状态					

4.4　培训需求小组讨论法

小组讨论法是从培训对象中选出一部分具有代表性且熟悉问题的员工作为代表参加讨论，通过现场工作深度研讨的方式来调查培训需求信息，一般在会议讨论前，培训组织人员事先准备要讨论的内容或者谈话提纲，以便在小组成员进行讨论时有效地控制其方向和进程。（如表4-7所示）

表 4-7　小组讨论提纲

一、讨论目的				
收集到员工培训需求的准备资料				
二、讨论时间				
三、讨论地点				
四、参加讨论人员				
姓　名	职　位		部　门	联系方式
五、讨论问题 　　1. 企业经营管理中的优劣 　　2. 员工对企业现状的了解，如企业战略、经营方针、市场环境等 　　3. 员工对企业文化的认同度 　　4. 员工不能很好地完成工作的原因 　　5. 对培训工作的认同度 　　6. 员工在工作中急需解决的问题 　　7. 员工对待工作的态度 　　8. 员工的团队意识				

第五章

培训需求调查管理流程

常见的培训需求调查流程包括培训需求调查前期准备、制订培训需求调查计划、实施培训需求调查工作、分析与输出培训需求结果等内容，下面就对各项实施步骤进行介绍。

5.1 培训需求调查前期准备

5.1.1 收集资料建立培训档案

档案应当包括培训档案、员工人事变动情况、绩效考核情况、员工职业生涯规划等相关资料。

5.1.2 深入员工摸清员工需求

培训部门员工要及时与其他部门保持密切联系，及时更新和补充员工培训档案。

5.1.3 建立通道保持信息通畅

培训部门要建立有效畅通的培训需求收集渠道，用以及时掌握员工的培训需求。

5.2 制订培训需求调查计划

培训需求调查计划应包括以下几项内容：

5.2.1 制订培训需求调查工作计划

工作计划包括时间安排、可能遇到的问题及对策、应当注意的问题等。

5.2.2 确定培训需求调查工作目标

明确培训需求分析工作需要达到的目标。

5.2.3 选择适合的培训需求调查方法

培训需求分析常用方法有观察法、问卷法、面谈法、测验法、工作分析法、资料分析法、全面分析法等。选出最适合企业的培训需求分析方法非常重要。

5.3 组织培训需求调查工作

制订了培训需求调查计划后，就要按计划来组织实施调查。

5.3.1 实施培训需求调查步骤

1. 提出培训需求建议或愿望
2. 调查、申报、汇总需求建议

3. 分析培训需求

5.3.2 分析培训需求关键问题

1. 受训员工的现状
2. 受训员工存在的问题
3. 受训员工的期望和真实想法
4. 汇总培训需求意见,确认最终培训需求

5.4 培训需求调查结果确认

培训部门对通过各种调查方法所获取的培训需求信息进行汇总、分类后,确定企业或员工的初步培训需求。为了使初步确定的培训需求符合企业或员工的实际培训需求,需要进行培训需求的确认。确认方式如下:

5.4.1 通过面谈交流确认

面谈确认是针对某一个别培训需求,与培训对象进行面对面交流,听取培训对象对于培训需求的真实反馈和建议,在此基础上对培训需求进行确认。

5.4.2 通过主题会议确认

主题会议确认往往针对某一普遍培训需求而实施。它通过就某一培训需求主题进行会议讨论,了解参会人员的意见和看法,进而完善培训需求,确保培训需求的满足性和真实性,为培训决策和培训计划的制订提供信息支持。

5.4.3 通过正式文件确认

在对培训需求达成共识后，为了便于以后各部门培训的组织实施，减少推责或扯皮现象，需要用一份正式文件对培训需求进行确认。具体实施时采用培训需求确认会签表来确认，如表 5-1 所示：

表 5-1　培训需求确认会签表

序　号	培训部门	培训主题	培训内容	培训形式	确认人

5.5　培训需求调查报告撰写

在完成了员工培训需求调查和分析后，就要将培训需求调查分析的结果用文字表格描述出来，形成正式书面报告，依次作为培训计划编制输入，具体模板见第三章。

5.6　案例分享

表 5-2　培训需求调查报告示例

××单位××年度培训需求调查报告

编制：××单位培训部
审核：
批准：
　　为了使培训工作能紧密结合企业发展战略，前瞻性地为业务部门策划培训支持工作，掌握和确定员工的知识、技能需求，确认员工绩效差距，针对性制订本单位年度培训计划，特组织年度培训需求调查工作，结合调查问卷回收信息及统计分析结果、管理人员访谈记录，特出具本培训需求调查报告。

续表

一、培训需求调查概况
1. 调查问卷及调查对象：××部门高层管理人员
2. 访谈实施及访谈对象：××部门高层管理人员
3. 调查问卷的发放与回收

部 门	应回收	实际回收	回收率	问卷工作评价	
				正向评价部门	负面评价部门
××部门					

注：汇总答卷及访谈实施情况，总结好的答卷方式及访谈方法。

二、组织培训需求调查结果
1. 组织战略的培训需求

（1）本单位或业务使命与宗旨，本单位经营战略与年度目标，年度规划：

围绕产品交付质量，完善产品创造体系，提升项目群运营管理能力，推进平台/模块化体系与能力建设，推广项目风险管控流程，开发出满足市场需求和竞争力强的产品，逐步实现产品向中高端转型升级的战略目标；

（2）本单位年度关键管理事项与重大影响因素：

通过产品创造体系持续优化和产品创造能力建设，推动产品交付能力达到国际先进水平；同时，通过模块化体系建设和核心模块的开发，逐步实现集团模块化战略的落地；

（3）本单位经营管理模式对培训需求的影响：

需加强授权管理、辅导下属能力、会议管理、沟通协调、目标管理、汇报能力、团队凝聚力等方面的培训。

（4）本单位业务发展重点对培训需求的影响：

需加强计划与绩效管理、模块/开发体系流程建设、项目管理、项目风险识别与管控及综合战略、商务、运营、产品等方面的培训。

2. 业务部门发展的培训需求

（1）本单位主要业务/职能部门的年度工作重点：

适应性优化产品创造与研发管理模式，完善产品投放管理体系。

（2）本单位下一年度关键的业务能力提升与培训重点：

模块/开发体系流程、节点核查、项目管理、成本管理、质量管理、新能源、项目风险识别与管控、计划与绩效管理、市场及客户需求分析等专业知识的学习。

（3）各业务部门领导提出的系统培训思路：

①培训与工作相结合：培训内容需与实际工作内容相符，可实施性高，有助于提升工作效率；

②培训形式多样化：增加外聘讲师授课次数，学习先进理念和工作方法；适当增加外部公开课的培训机会，与外单位人员多接触交流，取长补短；年度依据业务需求，可适当举办1—2次团队建设，增加团队凝聚力等；

续表

③横向拓展培训范围：除制定专业课程提升本职位的专业能力之外，还要扩大知识范围，就产品技术特别是新能源产品知识、财务知识、产品经营（全价值链）等方面的知识进行全面培训。

3. 人才发展的培训需求

①各项人才发展的瓶颈因素、能力短板：

由于部门前期考虑到业务发展及中心能力建设要求，快速补充大量空缺岗位，部门新员工占比较高，整体工作经验不足且大多局限于某一职能的业务能力，缺乏系统的工作经验，行业发展趋势的分析与预判、语言、创新等能力较薄弱。

②本单位急需的管理人才队伍的培训需求：

××年新聘或新提的中层干部占比较高，××年需通过专业技术能力培训，针对公司目前的运营模式、业务架构、流程体系制度等，加强此部分干部对专业知识的理解与转化能力，同时通过通用能力培训，逐步提升其辅导下属、增强团队凝聚力等管理方面的能力。

③本单位急需的业务/技术专家的培训需求：

需逐步提升模块/开发体系与能力建设、项目风险分析与管控、计划与绩效管理、战略规划和国际商务等方面的专业能力。

4. 岗位能力的培训需求

①关键岗位范围、现在岗人员知识技能水平差距存在的问题：

由于部门前期考虑到发展及中心能力建设要求，快速补充大量空缺岗位，人岗匹配的平配率不满足，需加强岗位实践，提升关键岗位能力建设。

②人员基本技能的培训需求：

模块开发流程；APQP、FMEA等五大工具；项目管理工具；英语口语；Office办公软件通用技能；沟通协调能力；团队协作能力。

③人员业务技能的整合培养、培训思路：

建议采用定制式的培训方式开展工作，因人而异，因岗位工作需要或人员级别制定相应培训课程，并针对学习的积极性及培训效果，结合绩效评价和任职资格对相关人员进行培训管理。

三、管理人员管理能力调查

1. 本单位基层管理人员管理能力分析

（1）人员结构：部门一般专业技术人员中，专业资深的员工数量较少，多数为新入职2—3年的新员工，应加强培养部门专业技术人员技术能力；

（2）新入职2—3年的新员工，需要通过系统培训来完成能力提升。

2. 本单位中层管理人员管理能力分析

××年新聘或新提的中层干部占比较高，专业能力、领导力相对薄弱，需要通过系统培训提升专业知识技能、带领团队及辅导下属的管理能力。

续表

3. 本单位高层管理人员管理能力分析

目前高层管理人员对战略的解读、转化和管理的能力，基本满足业务需要。

四、重点人才队伍培训目标与策略

为快速满足部门能力建设要求，部门补充大量的空缺岗位，整体缺乏系统的工作经验，岗位要求的知识、工具基础相对薄弱。因此针对部门现状，××年拟针对在岗人员设置定岗、定级的定制化课程，与任职资格标准挂钩，重点围绕业务基础知识、技能及经验分享等方面的内容开展培训课程，参考目标如下：

一级：了解公司组织机构和职能职责，熟悉公司全系列产品信息及行业通用法规标准；熟练应用基础统计工具、OA系统等办公软件的基本操作等。

二级：熟悉专业通用知识及关联的知识，熟悉相关管理制度；熟悉模块开发流程，能在指导下完成项目数据分析及文件的编制；了解项目管理工具，具备基础的文字处理和协调沟通能力；了解SWOT分析方法，具备一般信息、数据分析能力。

三级：熟悉公司目前项目管理模式、联盟业务开发模式和开发流程、审核管理流程，具备在项目管理某一领域较深的专业积累，善于在项目管理关键业务实践中总结经验并推广；具备较强的文字处理和协调沟通能力；掌握战略落地工具与方法，熟悉SWOT和PERT分析工具，具备系统、逻辑综合思维能力，较强的沟通协调能力，日常英语口语交流能力。

四级：熟悉KPI基本概念，具备流程体系运行关键指标识别能力，熟悉核心领域的工作要求，具备部门专业某项业务领域广泛深厚的知识和从业经验，并在业务实践中能提出系统性的观点和见解；了解竞品产品开发动态，具有一定的项目风险预警与管控能力，掌握项目管理甘特图、SWOT分析、网络图等5个典型工具的运用，并能加以引进推广，具有优秀的沟通和协调能力，有效解决项目组内各种冲突；掌握价值链分析方法、BCG等矩阵分析法，应用波特五力分析模型等，具备较强的系统性思考能力。

五级：熟悉国内先进企业管理模式，熟悉国内主要竞品企业产品开发或战略联盟业务管理水平，了解行业发展趋势和前沿科技，具备广泛的跨专业知识结构，具备本专业较为深厚的知识积累和丰富的工作经验；具有良好的分析和风险管理能力，能对现有产品开发体系的潜在风险提出有效改进措施，可根据实际业务的发展优化现有管理模式；精通体系流程设计。

六级：熟悉行业内最佳实践业务管理模式和产品标准，熟悉国际主要竞品企业产品开发管理水平，具备前瞻性理论，洞悉行业发展趋势和前沿科技，具备广泛的跨专业知识结构，具备深厚的跨专业理论知识；具有国内外优秀本行业工作背景，能把握行业发展趋势，识别未来企业发展机遇及潜在风险，熟知竞品企业管理模式，具有较强的组织、协调、沟通技能和资源整合能力，能有效转化前沿理论并加以推广；能系统分析公司资源能力缺口以进行战略分析并提出优化建议。

续表

五、培训现状调查总结分析

1. 分析内容

本单位培训的重要性、培训对工作绩效的帮助、学习方式、培训形式、教学方法、培训的课程、讲师风格、培训时间安排、培训频率、效果评估方式、培训目前存在的问题。

2. 培训现状小结

（1）培训数量：

员工对公司培训数量比较满意。

培训数量满意度

- 足够 24%
- 还可以 58%
- 不够 18%
- 非常缺乏 0%

（2）分享认可满意情况：

员工对本部门内部关于产品知识、行业和市场信息、工作任务的培训、讨论、分享的充分度，普遍认可度较高。

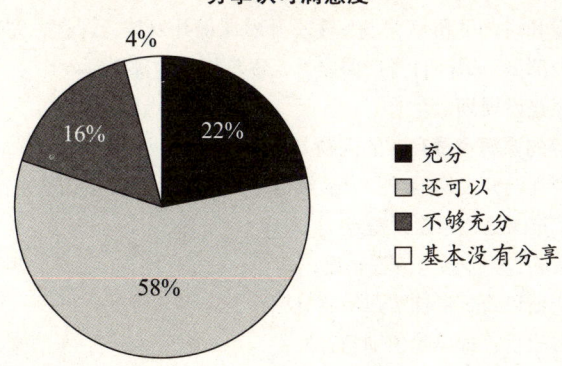

分享认可满意度

- 充分 22%
- 还可以 58%
- 不够充分 16%
- 基本没有分享 4%

（3）培训支持满意度：

员工对部门内组织的培训、讨论、分享等活动，普遍对业务管理水平、工作效率提高的支持度较高。

（4）通用技能需求：

员工对专业技术能力的需求度较高，尤其是体系流程和项目管理专业知识培训，其次对人际交往类的培训需求较高，如沟通协调、团队合作、表达能力等。

续表

（5）培训形式：

员工希望有多样化的培训形式，尤其对外聘讲师的培训有着极大的兴趣，其次是参加外部公开课或参观考察，更多地接触新事物新理论。

（6）教学方法：

针对目前较多的课堂讲授的授课方式，员工更倾向于能将理论与实践相结合，可实施性更强的案例教学的教学方法。

（7）培训效果测评：

员工比较倾向于气氛轻松，能在互相交流中深化知识理解，取长补短的课下讨论和分享的测评方式。

（8）能力提升方面的培训：

员工在平时的培训中，希望能帮助自己更好地完成实际工作，提高工作效率，所以在能力提升方面，更多地侧重对岗位职责、业务管理及操作流程等专业的课程，以及一些实际的对自己有参考借鉴作用的管理事件、工作案例分析等课程。

3. 培训工作改善建议

（1）培训内容上，专业课程侧重于工作实战经验分享、体系流程、风险管控、质量工具、项目管理工具等；管理类课程侧重于沟通协调、演讲技巧、团队协作、办公软件等课程。

（2）培训形式上，侧重于多样性，共享公司资源参加外部公共课程、外聘讲师授课等形式。

（3）培训创新上，与任职资格挂钩，定岗定级开发相关课程；通过网络学习平台，同时利用部门微信群，合理利用碎片化时间进行学习。

（4）课程开发和讲师队伍培养上，逐步开展课程开发技巧课程，完善本部门的课程开发工作，提升内部员工锻炼自身授课能力，逐步担当内部讲师。

六、培训课程体系建设规划

1. 本单位现存的课程资源存在的问题

本部门业务现存已开发课程较少，后续需根据业务开展及培训需求情况逐步完善。

2. 本单位××年课程体系建设重点

（1）产品开发/模块体系与流程建设；

（2）产品创造项目管理最佳实践经验分享；

（3）产品创造项目管理风险识别与管控；

（4）质量管理工具、项目管理工具的应用；

（5）英语口语能力建设。

七、培训讲师培养的工作思路

1. 本单位现存的讲师资源存在的问题

目前部门内部有讲师10名，其中内部讲师整体的课程开发和授课技巧欠缺，需要进一步提升。

续表

2. 本单位××年讲师培养重点
　　利用部门认证讲师资源主导开发××年课程体系，同时培养部门内部讲师的课程开发能力，以及授课技巧，将内部讲师逐步培养成公司内部认证讲师。
八、××年培训工作重点与创新
　　1. 积极号召员工利用部门微信群，实时提出培训需求，或自发推介微学习、培训资讯、培训前沿等，构建部门内部虚拟培训平台，引导员工利用碎片化时间去学习与成长。
　　2. 针对部门人员现状，定岗定级开发相关能力提升课程。

第六章
全面认知培训计划

培训计划是按照一定的逻辑顺序排列的培训工作安排，它是从组织的战略出发，在全面、客观的培训需求分析基础上做出的对培训内容、培训时间、培训地点、培训者、培训对象、培训方式和培训费用等的预先系统设定。

6.1 培训计划的分类

培训计划按照不同的划分标准，有不同的分类方式，常见的分类如图 6-1 所示：

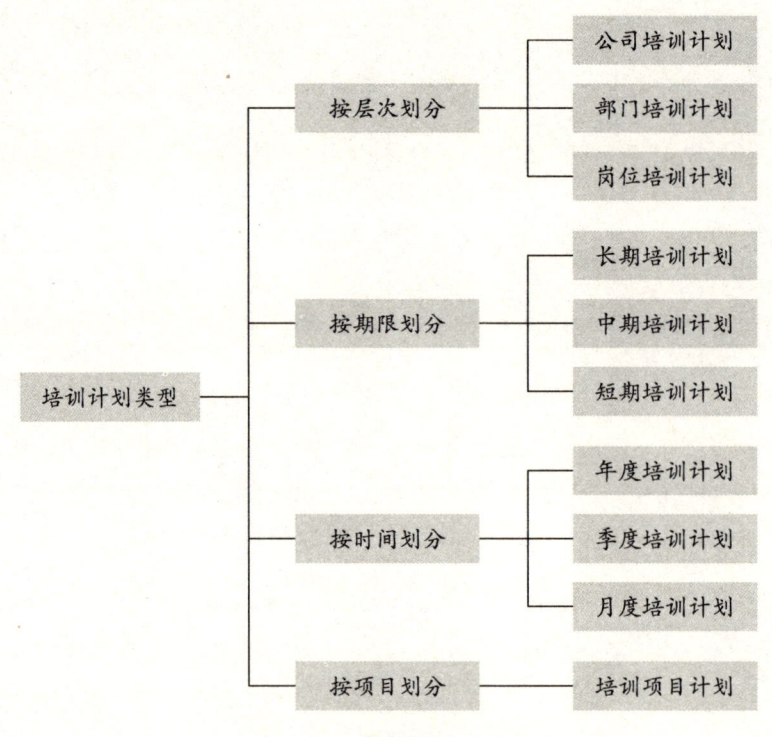

```
                         ┌── 公司培训计划
              ┌─按层次划分─┼── 部门培训计划
              │           └── 岗位培训计划
              │
              │           ┌── 长期培训计划
              ├─按期限划分─┼── 中期培训计划
培训计划类型──┤           └── 短期培训计划
              │
              │           ┌── 年度培训计划
              ├─按时间划分─┼── 季度培训计划
              │           └── 月度培训计划
              │
              └─按项目划分─── 培训项目计划
```

图 6-1　培训周期分类

6.2 培训计划的内容

6.2.1 培训目标

每个培训项目计划都要有明确目标，为什么培训？是基于什么进行的培训？是要解决企业战略问题、提升绩效、提升管理等问题吗？培训要达到什么样的培训效果？提升什么样的能力？这些是要明确的。培训目标要简洁，具有可操作性、可评估性和可衡量性。

6.2.2 培训对象

培训对象可根据员工的不同状态、不同职类工种、不同层级、不同类别等进行划分，具体分类如下：

1. 按员工的状态可分为在职全员培训和新入职培训。企业对在职员工定期或不定期进行文化、价值观类的培训，以保持企业文化价值观的高度统一性，对新入职员工要进行入职上岗的系统性培训。
2. 按职能系统的不同可分为专业技术培训和特殊工种的培训。
3. 根据员工的不同层级进行分层次理论技能和晋升培训。
4. 对高潜质、新晋升的员工进行针对性的专项培训。

企业只有把培训对象划分清楚，才能有针对性地进行培训，这样既可实现资源的高度统一，又不会造成资源的浪费，同时可实现统一性和差异性的组织培训管理。

6.2.3 培训内容

培训的内容包括拓宽员工的思维视野、所需技能或知识，改变员工的工作态度，改善员工工作意愿的文化价值观等。培训的内容可依照培训对象的不同而分别确定。在确定培训内容以前，应先进行培训需求的分析调查，了解企业及员工的培训需要，然后研究员工所任的职位，明确每个职位所应达到的任职标准，最后再结合员工个人的工作业绩、能力、态度等，与岗位任职标准进行比较。

6.2.4 培训课程

年度培训课程一定要遵循轻重缓急来安排，一般分为通用、专业、特殊三类课程。

通用类课程主要针对全公司的企业文化、战略愿景、职业化素质、通用素质模型等内容，对全员设计的培训课程。

专业类课程是根据职位任职资格能力标准、员工发展计划等设计的专业能力胜岗与提升课程，主要针对企业各层级的专业技术人员。专业课程培训对象的层次可以分为高级、中级、初级三类，主要课程目标是提升员工的专业技能水平，通过培训推动员工个人能力及绩效目标达成。

特殊类课程是指针对企业的关键核心人才、后备人才、特殊工种等设计的培训课程，主要围绕胜任力评价、能力测评结果、企业重大业务课题等设计培训内容，旨在帮助学员提升管理水平，引领业务能力的发展，从而推动公司战略发展。

6.2.5 培训类别

培训类别大体可以分为内训和外培两大类。其中内训包括企业利用自己的资源在企业内部组织的培训和外部聘请的老师来企业组织的培训。外培主要是企业无资源而必须参加外部培训机构组织的取证培训，如特殊工种、学历教育等。

6.2.6 培训讲师

讲师在培训中起到了举足轻重的作用，讲师分为外部讲师和内部讲师。

内部讲师主要负责讲授企业文化、产品知识、规章制度、方法流程、经验分享等,外部讲师主要负责内部讲师无法讲授的新技术、新方法、能力提升等课程。在制订年度培训计划时,要进行课程讲师资源评估统筹规划。

6.2.7 培训方法

培训方法有很多种,它们有各自的优缺点,企业应根据培训类型与培训对象、培训目的、自身实际情况等因素,选择合适的培训方法,有时需要将多种培训方法相结合使用。

6.2.8 培训时间

年度培训计划时间安排应具有周密性和可行性,要根据培训对象及内容的轻重缓急来科学安排。时间安排要得当,要以尽量不与生产任务相冲突为最基本的原则,同时也要兼顾学员的时间。一般来说,安排在生产经营淡季为最佳。

6.2.9 培训经费

培训经费预算方法很多,培训经费应该定多少,是由企业的行业特点、业绩情况与员工工资收入水平等因素决定的。

6.3 案例分享:国际化人才培养 MOT 培养计划

一、项目背景

为推进全球化业务,向世界品牌目标迈进,公司急需专业知识突出并且语言能力强的全球化人才。公司决定实施国际化人才培养工程,通过系统化培训，打造一支"拉得出、冲得上、打得赢"、具有国际化视野的全球化人才队伍。

二、项目目标

为推进公司全球化进程，在全公司范围内海选吸引人才，甄选识别具备国际化发展潜质并适合国际化岗位需要的优秀人才，经过脱产语言培训、岗位培训，到海外一线工作，通过2—3年为公司培养全球化人才，计划培养100人。

项　　目	招募对象	招募人数	启动时间
国际化人才经理班（Manager Program）	公司有5年及以上工作经验的青年员工	30人	
国际化人才主管班（Operation Program）	公司3年内入职的应届毕业生	30人	
国际化人才管理培训生班（Management Trainee）	公司当年入职的新员工	40人	

三、项目特色

1. 语言提升：公司提供脱产语言培训机会，并提供持续半年的在线语言培训，语言水平达到工作交流水平；

2. 职业机会：提供一个全新的、富于挑战性的职业发展平台，拓宽职业发展通道，培养国际化视野；

3. 全价值链：培养方向涵盖营销、服务、产品、制造、采购、人力等全价值链人才；

4. 课程设计：设置国际化人才能力素质提升的综合性培训，包含国际营销、国际贸易、产品及国际化职业素养等特色课程。

四、培养对象

1. 培养方向及人数

项目计划培养100人，定向培养销售、服务、产品、制造、人力等多方向人才。

2. 招聘条件

项　　目	招募对象	招募条件	招募人数
国际化人才经理班	公司有 5 年及以上工作经验的青年员工	➢ 有志于从事公司国际化业务发展工作的员工 ➢ 本科及以上学历，专业不限 ➢ 年龄不超过 35 周岁，在本岗位工作满 5 年以上 ➢ 英语四级及以上，小语种优先 ➢ 有较强学习能力、适应能力，能接受外派工作	30 人
国际化人才主管班	公司 3 年内入职的应届毕业生	➢ 有志于从事公司国际化业务发展工作的员工 ➢ 本科及以上学历，专业不限 ➢ 英语四级及以上，小语种优先 ➢ 有较强学习能力、适应能力，能接受外派工作	30 人
国际化人才管理培训生班	公司当年入职的新员工	➢ 有志于从事公司国际化业务发展工作的校园人才 ➢ 本科及以上，专业不限 ➢ 英语六级及以上，小语种优先 ➢ 学习能力强，吃苦耐劳，有责任心，有强烈的意愿到海外一线工作，能够接受外派工作	40 人

五、人才培养实施方案

1. 总体规划

项目总体规划为选拔 & 宣讲、脱产学习、持续学习、外派上岗四个阶段，整体安排如下：

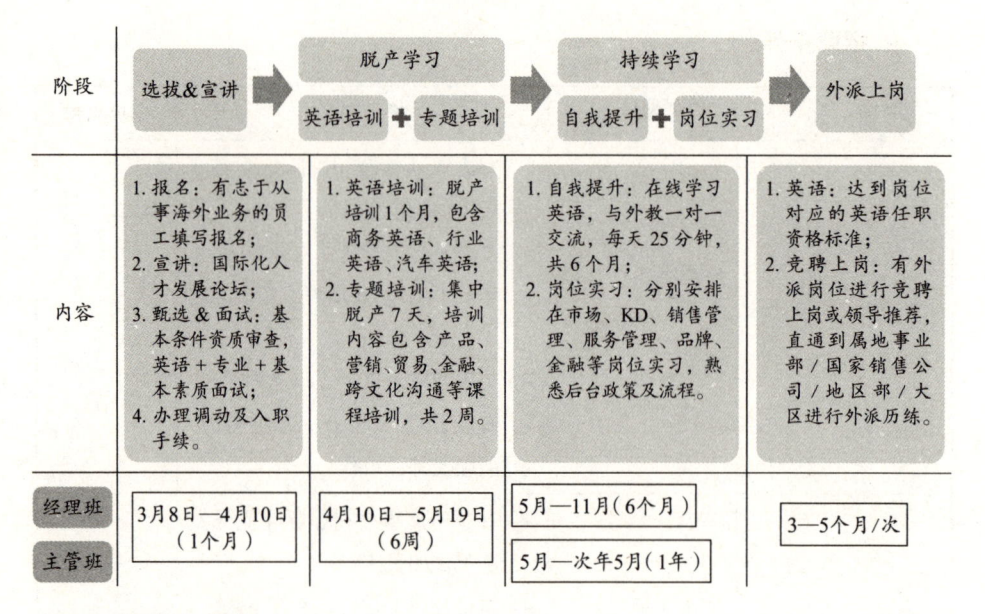

阶段	选拔&宣讲 →	脱产学习 英语培训 + 专题培训 →	持续学习 自我提升 + 岗位实习 →	外派上岗
内容	1. 报名：有志于从事海外业务的员工填写报名； 2. 宣讲：国际化人才发展论坛； 3. 甄选&面试：基本条件资质审查，英语+专业+基本素质面试； 4. 办理调动及入职手续。	1. 英语培训：脱产培训1个月，包含商务英语、行业英语、汽车英语； 2. 专题培训：集中脱产7天，培训内容包含产品、营销、贸易、金融、跨文化沟通等课程培训，共2周。	1. 自我提升：在线学习英语，与外教一对一交流，每天25分钟，共6个月； 2. 岗位实习：分别安排在市场、KD、销售管理、服务管理、品牌、金融等岗位实习，熟悉后台政策及流程。	1. 英语：达到岗位对应的英语任职资格标准。 2. 竞聘上岗：有外派岗位进行竞聘上岗或领导推荐，直通到属地事业部/国家销售公司/地区部/大区进行外派历练。
经理班 主管班	3月8日—4月10日 （1个月）	4月10日—5月19日 （6周）	5月—11月（6个月） 5月—次年5月（1年）	3—5个月/次

2. 选拔 & 宣讲

关键节点	信息发布	报名	资格初审	英语测试	面试	人员确认&调动	签署培训协议
时间安排							
工作内容	下发培训通知	组织报名	工龄、英语等	组织英语测评笔试+口语	综合能力面试	名单发布统一调动	学员签订培训协议
重点输出	培训方案/海报	人员名单	初选名单	英语测评结果	面试结果	调令	培训协议

3. 脱产学习（Full Time Training）

（1）培训目标：结合岗位素质要求，匹配国际化人才所需核心知识与技能，重点提升商务英语、国际贸易、国际营销、跨文化以及专业知识能力。

（2）培训周期：6周。

（3）课程安排：采取"4+2"模式，即4周英语脱产培训+2周专题培训。

4. 持续学习（On-the-job Training）

（1）培养目标：结合岗位素质要求，匹配国际化人才所需核心知识与技能，重点提升英语和业务知识，掌握本岗位相关岗位知识及核心技能。

（2）培养周期：共1年（其中M2国际化营销经理培训班岗位实习为6个月）。

（3）培养方式：实习岗位，并自学和在线学习。

（4）自我提升：具体见下表。

序号	培养方式		培训目标	课程内容及要求	课时	验收方式
1	M-Learning 移动互联网学习	英语	提升词汇量，达到掌握5500个以上词汇量	使用英语学习APP（30个/天），并在学习小组群打卡，组长统计学员每天打卡学习情况，根据学习单词数的多少获得不同的积分，进行月度排名和季度奖励	6个月	考试合格
2	E-Learning PC在线学习		提升英语应用能力，达到无障碍工作交流水平	通过英语在线平台，一对一外教在线学英语。学员须在6个月内，一对一外教每天一节课，最终提升至少3个级别。培训内容涵盖工作、生活、学习中所能遇到的各种真实场景，达到全面的英语应用能力的提升	180次课 25min/次 共75课时	
3	B-learning 图书自学	营销	掌握市场营销基础理论	《市场营销》	1个月	
4		产品	掌握本单位产品知识	/	1个月	
5		商务	掌握国际贸易基本知识	《国际贸易实务》	1个月	

六、职能职责

1. **人力资源部**：负责国际化人才培养方案等；

2. **各实施部门**：负责制定岗位实习阶段培养目标及计划并组织实施等；

3. **各用人单位**：负责制订岗位实习培养计划并组织实施，提供指导师傅与实习岗位。

七、培训管理

1. 培训期间人员管理

（1）学员人事关系管理：通过选拔入选的学员由公司统一协调下发调令，进入培训项目；

（2）薪酬管理：学员在脱产培训和岗位实习前6个月期间不参与公司考核。

2. 对学员的管理

（1）签订培训协议：培训开始前，参训学员需与公司签订培训服务协议，方可参加培训；

（2）纪律管理：培训期间服从人力资源部培训统一安排；

（3）岗位锻炼：签订员工个人发展计划，结合专业培训，实现理论与实践的有效结合。

八、整体工作计划

序号	项目	内容	责任单位	责任人	完成时间
1	培训方案	完成方案并下发	—	—	—
2	确定人员名单	确定培训人员名单	—	—	—
3	培训机构甄选	英语培训供应商甄选（脱产、在线）	—	—	—
4	培训开班仪式	开学典礼	—	—	—
5	培训实施	英语在线培训过程管理	—	—	—
5	培训实施	教材采购及内部课件开发	—	—	—
5	培训实施	岗位实习+业务指导	—	—	—
6	培训效果评估	对英语水平测试、各项成绩汇总，并输出综合成绩及排名	—	—	—
6	培训效果评估	工作总结答辩	—	—	—
6	培训效果评估	英文课件选题及开发	—	—	—

第七章
如何编制培训计划

7.1 培训计划编制总体原则

在制订培训计划时,应把握以下六项原则。

7.1.1 以需求调查为依据的原则

编制计划前必须充分对培训需求调查报告进行认真研读,尽量将需求转化为计划。

7.1.2 与业务发展相一致的原则

培训的目标是支持业务发展,在进行培训计划编制时,一定要坚持以业务能力提升和建设为导向。

7.1.3 培训计划科学设计的原则

不同层次提报的计划都有自己的目标和路径,但是否与企业的需求相一致需要科学设计。

7.1.4 集中与差异化的原则

培训计划安排要充分遵守资源集中利用、降低费用原则,既要安排一定的集中培训，又要针对培训需求安排有差异化的培训。

7.1.5 费用投入 80/20 原则

培训计划在覆盖全员的基础上，将培训资源优先投入核心人才队伍培训上，培训项目既要注重全员覆盖，又要有较强的针对性和差异化。

7.1.6 培训效果可衡量原则

培训计划要具体、可评估，否则培训起不到效果，易流于形式。

7.2 培训计划编制关键事项

7.2.1 利用好培训需求

公司的评价体系应要求经理和员工讨论个人的培训需求，如果公司的评价体系做不到这一点，说明公司的评价体系不够科学，需要改善这一功能。这是关于了解"谁还需要培训什么"的主要信息来源。当然，培训需求也可能有时会由公司指定，如为了宣贯新的文化价值观而进行的全员培训。培训部门的职责是负责收集所有的培训需求，结合业务发展现状，为业务部门提出建议，指出目前哪些类型的培训最适合他们的员工。

7.2.2 评审好课程清单

根据培训需求，制订课程需求清单，并涵盖匹配培训需求的所有种类的培训课程。这可能是一个很长的清单，包含了针对少数员工的个性化的培训需求（甚至是单独的个人），也包含了许多人都想参加的共性化的培训需求。

7.2.3 确定培训供应商

有了最终版的课程清单，接下来需要决定如何去寻找这些培训供应商。首先是决定使用内部讲师还是聘请外部讲师。内部讲师的好处是了解业务且成本较低。然而当内部无法找到讲授某个课程的专家时，就必须寻找外部讲师。另外，对于许多类型的管理培训（尤其是高管培训），外部讲师比内部讲师往往有更多的影响力，这就是通常说的"外来的和尚好念经"。这样说并不一定公平，但确实存在这种现象。因为外部讲师有丰富的行业经验和较为前瞻的行业视角，知识体系的发散性和扩充度优于内部讲师。

7.2.4 定好开课时间表

培训部门应该制订一份包含所有培训计划的开课时间表，列明开课的时间和地点。通常的做法是制作一本包含相关信息的小册子，如课程描述。这本小册子将被分发给所有的部门作为一份参考文件。

7.2.5 确认好培训预算

制订培训计划工作的最佳起点是确认公司将有多少预算要用于培训和人才发展。在不确定是否有足够的经费支持的情况下，制订任何培训计划都是没有意义的。通常培训预算是由公司管理层决定的，但是培训部门应该通过向管理层呈递培训投资的建议书，说明为什么公司应该花钱培训，公司将得到什么回报。不同的行业，公司的培训预算的差异可能很大。HR 需要管理的是培训预算被有效地使用，并给公司带来效益回报。

经常会遇到的情况是总培训需求量超出培训预算。在这种情况下，需要进行先后排序，决定将什么课程列入计划。最好的办法是与部门经理探讨征询，听取他们的意见，判断哪些课程可能对参训员工绩效产生最积极的影响，进而提升公司的总体业绩。培训部门应考虑是否有其他方式来满足需求，如通过岗位传帮带或者轮岗来完成知识传递。

7.2.6 安排好后勤保障

培训的后勤保障需要保障场地、学员住宿和所有的设备和设施，如活动挂图、记号笔、投影仪等，还需有教材提供给每个参训者。这听起来很平常，但出错的往往就是这些方面。

7.2.7 安排好参训人员

安排课程对应的参训人员看似是简单的任务，但执行过程中也可能存在困难。培训管理者要告知参训人员预订的培训地点，送他们参加培训，告诉他们去哪儿，什么时候到，也许还要建议他们带电脑或在培训前完成一份问卷。公司通常提前两到三个月通知培训报名，以便参训人员可以安排好他们的时间表，预留时间参加培训。很常见的情况是，一些参训者在最后一刻取消报名（通常是由于工作的压力），所以要有备选学员可以候补空余的培训名额。

7.2.8 评估并及时纠偏

培训部门希望培训投资尽可能有效。就像任何其他的投资，培训部门应该评估培训取得的结果。最明了的方式是让参训者上完每门课程后都填写课程评估表格。所有评估表格应由 HR 统计并作为对讲师的授课质量评价。持续好评代表这门课程取得了成果；如果有持续差评的课程，就要利用这些数据来决定什么需要改变（内容、授课时间或主持人等），采取行动以优化提升课程。也可以采用其他的评价课程方法，如要求一线经理让参训人员在每项培训之后举行一个培训小结会，参训人员在课后反馈他们将如何将所学知识运用到工作中去。这是一个非常有效的方法。

第八章
培训计划编制流程

8.1 培训计划制订流程

培训计划制订一般流程如图 8-1 所示：

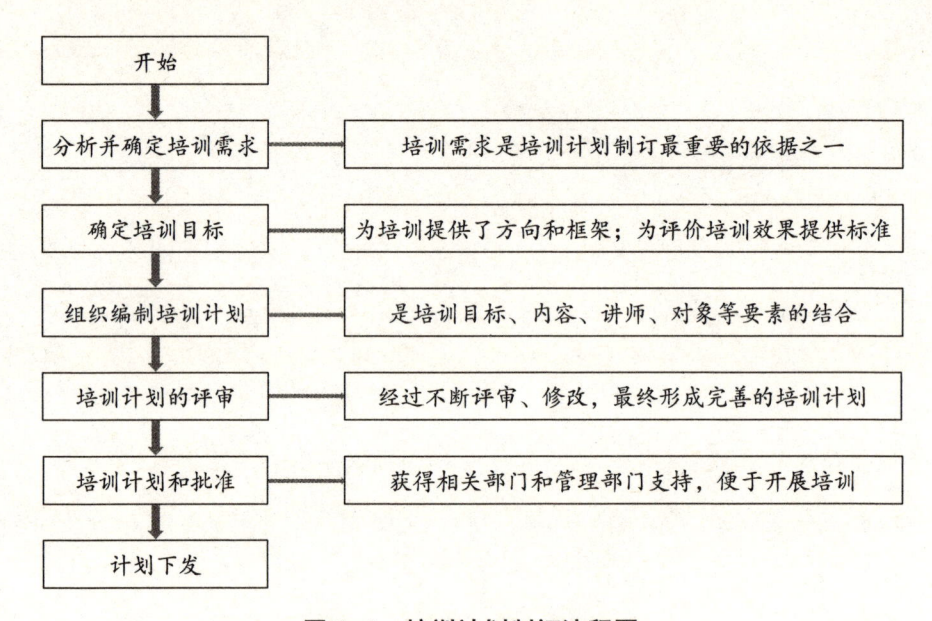

```
开始
  ↓
分析并确定培训需求 —— 培训需求是培训计划制订最重要的依据之一
  ↓
确定培训目标 —— 为培训提供了方向和框架；为评价培训效果提供标准
  ↓
组织编制培训计划 —— 是培训目标、内容、讲师、对象等要素的结合
  ↓
培训计划的评审 —— 经过不断评审、修改，最终形成完善的培训计划
  ↓
培训计划和批准 —— 获得相关部门和管理部门支持，便于开展培训
  ↓
计划下发
```

图 8-1　培训计划制订流程图

8.2 培训计划编制方法

8.2.1 编制培训计划关键事项

当企业制订明年目标和年度计划的时候，作为人力资源计划重要组成部

分的培训计划自然成为培训部门的工作重点之一。为配合年度计划的实施，培训部门需要做出合理的人员配置计划、人员招聘计划、绩效考核计划、职业发展计划，而培训计划是这些计划得以有效实施的保障，因此，培训部门需要对年度培训进行统筹安排，组织拟定年度培训计划。

通常，各个企业都会做年度培训计划，但是由于企业管理水平、人力资源干部素质以及企业对培训的看法的不同，各个企业的年度培训计划存在较大的差异。

比较常见的做法是由培训部门设计培训需求调查表，下发给各部门，然后由培训部门汇总成年度培训计划，由公司重要会议讨论通过。这个程序基本上没有太大的差异，绝大多数企业都是如此。

其中，区别在于需求调查表的内容和结构。有的企业做得比较简单，在需求调查表上列了一些比较流行的课程，让部门根据需要去选择，而课程的介绍往往也只是一个名称。至于课程的培训对象、培训目标、课时、课程大纲、提供商等内容则无法准确获知，所以，当需求调查表下发到部门的时候，部门所负责的工作也只是按照培训部门"限选3—5项"的要求在课程名称后面打钩，对于自己到底需要什么样的培训，对什么人进行培训，以及培训部门能提供什么培训等根本不关心，在他们看来，这只是例行公事，只要把培训部门下发的表格填写完成，就是完成了年度培训计划的任务。

做得更好一点的企业，除了列出一些课程名称之外，还会设计一些开放式问题，如"需要什么培训""为什么需要这些培训""希望通过什么方式进行培训等"，但是忙于业务的部门负责人哪有心思和时间关心这些在他们看来摸不着头脑的问题，于是，他们依然是在课程后面打钩。

因此，制订年度培训计划时需要注意以下三个问题：

第一，掌握真实需求并能描述需求的来源。所谓掌握真实需求，是指要了解各个部门当前的工作最需要的培训需求，而不是时下有哪些最流行的课程和最知名的讲师。很多企业容易犯一个错误，就是在进行培训需求调查的时候并不是从公司的业务出发，而是从培训提供商出发，不是考虑员工的工作需要什么培训，而是从一些培训机构来信来函的介绍中所列举的课程出发，把这些课程重新编排，作为需求调查的内容。

这样的做法很容易误导对培训并不熟悉和擅长的部门负责人，以为培训就是听口碑好的老师讲课，不管老师讲什么内容，只要是名师，只要是知名的培训机构，就是最好的选择，因此，他们把知名的老师和知名的机构作为培训需求的源头，制订本部门的培训计划。

其实，培训的需求来自绩效。这是培训的重要来源之一。一切培训活动都是为了帮助员工提升绩效，帮助员工与企业步调一致，目标统一。所以，只有从员工绩效出发的培训需求才是最真实的需求，也是企业最需要的。从这个观点出发，培训部门在设计培训需求调查表的时候，就要从员工的绩效出发，设计结构化的培训需求调查表。关于这个问题后面还要详述。

第二，年度培训的目标要清晰。所谓培训目标，其实很简单，也很明确，就是帮助员工改善绩效。在这个大目标的基础上，可以根据员工的工作职责以及上一绩效周期的绩效考核，确定针对性的培训目标。例如，上一绩效周期内，员工在工作计划方面存在薄弱环节，工作缺乏计划性，或计划不合理，可以设计一个关于如何做好计划管理的课程，培训目标是掌握计划管理的理论、学会编制计划、学会检查计划。

第三，编写一份高质量的年度培训计划书。为使年度培训计划的制订更加有效，培训部门应编写一份高质量的年度培训计划书，年度培训计划书主要考虑以下几个方面的内容：

- 培训需求调查；
- 年度培训计划的制订；
- 年度培训计划的组织；
- 培训总结；
- 培训效果评估；
- 制订年度培训计划的五个步骤；
- 找准需求。

培训计划的制订是从需求开始的。培训需求包括两个层面：一是年度工作计划对员工的要求，二是员工为完成工作目标需要做出的提升，通过两个层面的分析，得出公司的年度培训需求。

实际上，培训需求是和员工的绩效紧密结合在一起的，因此在设计员工培训结构化表格时，要结合员工的绩效来做。具体来讲，可以设计这样几个维度：知识、技能、态度，即在过去一个绩效周期内，员工在知识、技能、态度方面和公司的要求存在哪些差异，把这些差异点找出来，作为员工改进计划，列入培训需求计划。

当每个部门把培训需求提报上来以后，培训部门要组织做培训需求汇总，然后结合公司的年度目标任务，与培训需求进行比对，找出其中的契合部分，并汇总整理，形成培训需求汇总表。负责培训的人员要选定分类标准，把培训需求分好类别，在分好类别的基础上确定培训的课题。分类时，可以按照培训的内容来分类，如财务类、人力资源管理类、营销类、执行类、管理类、战略类等。也可以按照培训对象来分，如新员工岗前培训、普通员工培训、中层管理人员培训、高级管理人员培训等。

8.2.2　培训计划编制的五步法

第一步：落实课程。

根据确定的培训需求，选择合适的课程，列出培训目标、课程大纲、培训课时以及实施时间。在设计培训课程时，要注意课程的先后逻辑关系，做到循序渐进、有条不紊。培训方式的选定上，也要根据参训人员的不同，选择最适合的方式。例如，中层管理人员的培训重点在于管理者能力的开发，通过培训，激发经理级员工的个人潜能，增强团队活力、凝聚力和创造力，使中层管理者加深对现代企业经营管理的理解，了解企业内外部的形势，树立长远发展的观点，提高中层管理者的计划、执行能力；培训方式有以上几种：选择内训或外出参加公开课方式、通过集中讨论与自学相结合的方式、部门经理负责对下属提供学习和管理的机会等。再如，新员工岗前培训主要针对新员工，内容为公司级培训，之后由所在各单位进行二级培训，所在部门或生产车间进行三级培训；对新招聘员工的培训，采用课堂学习与户外体验式培训相结合的方式，使新员工逐步认识公司，加深对公司企业文化的理解，获得新感觉、新动力。

另外还需要落实讲师资源，是从外面请专业的讲师还是由企业内部的培训师来讲？或者为节省开支，买讲师的光盘在企业内部播放？这些都是培训主管应该考虑的事情。

第二步：制定预算。

根据确定的培训课程，结合市场行情，制定培训预算。培训预算要经过相应领导的批示。在制定培训预算时要考虑多种因素，如公司业绩发展情况、上年度培训总费用、人均培训费用等，在上年度基础上根据培训工作的进展情况考虑有比例地加大或缩减培训预算。

做培训费用预算应与财务沟通好科目问题，一般培训费用包括讲师费、教材费、差旅费、场地费、器材费、茶水餐饮费等，一项培训课程应全面考虑这些费用，做出大致预算。在预算得出后，可在总数基础上上浮10%—20%，留些弹性的空间。

第三步：编写计划。

在以上工作的基础上，编写年度培训计划。可以将培训课程分解到年度/季度/月度，按照每个项目的课程、讲师、预算、地点、评估方式等进行编写，形成完整的工作计划。

年度培训计划的审批由公司重要会议审核讨论，批准后的年度培训计划作为年度计划的一部分，就可以列入明年的工作计划开始实施。

初步制订出来的培训计划先在内部进行审核，由培训部门的负责人和主管一起分析、讨论该年度培训计划的可执行性，找出存在的问题，进行改善，确定一个最终版本，提交给培训工作的最高决策机构——总经理办公会（或者董事会）进行审批。公司最高领导者要从公司长远发展的角度出发，制订公司员工培训的长远规划，并写进公司的年度计划中。

第四步：年度计划管理。

培训也是存在很多风险的，例如，选拔外派学习员工流失的风险、专业技术保密难度增大的风险、培养竞争对手的风险等，面对种种风险，企业的防范措施要做到以下几个方面：依法建立劳动、培训关系；建立有效的激励机制；鼓励自学、加大职位培训力度；完善培训制度，提高培训质量；运用法律手段保护公司专利技术等，尽可能降低培训的风险。

第五步：组织推进。

首先要组建项目管理小组，确定项目小组成员，人员确定到位后，应使人员各司其职，明确规定他们在项目小组中的工作内容和责任，并及时向项目小组成员通报，同时报分管的副总。其次要制订项目小组的计划，由项目小组成员全程参与，直到计划完成并批准。项目小组的组长要控制培训项目的实际进程，使之能在预算指标内按期完成任务。为使课程符合部门业务和员工的需要，人力资源部要在开课前应预先发出《开课前意见征询表》，并做好课程跟踪的第一记录——《课程签到表》。支持员工的职业生涯发展是激励员工的一个重要的方面，在企业发展的同时，要使员工有提高个人技能和得到培训发展的机会，有施展个人才能专长和个人晋升发展的空间。

制订培训计划要本着有利于公司总体目标的实现及有利于竞争能力、获利能力及获利水平提高的原则，以员工为中心点，切实提高和改善员工的态度、知识、技能和行为模式。良好的计划是成功的一半，当培训计划在为企业经营和业务发展提供帮助，在为管理者提高整体绩效时，培训将发挥出最大的作用。

8.3 案例分享：××单位培训计划

培训计划书一般包括封面、目录、正文和附录部分。其中正文部分需要详细呈现培训计划制订的目的、依据、原则，培训的方针和要求，培训内容和课程设置，讲师，培训的费用预算，培训实施计划，培训效果评估的维度和方法以及其他重要事项等，如表8-1所示。

表8-1 ××公司年度培训计划表

序号	类别	培训项目	培训讲师	培训对象	课时	地点
1	管理类	公司规章培训				
2		员工行为规范				
3		目标管理				

续表

序号	类别	培训项目	培训讲师	培训对象	课时	地点
4	专业类	5S 培训				
……	通用类	公司规章培训				

培训计划书是培训活动实施的战略地图，下面通过一个模板介绍培训计划书的内容组成：

模板：××公司年度培训计划方案

一、封面

本部分包括封面名称、编制部门、编制日期以及审核部门元素。

二、目录

三、正文

（一）计划概要

本计划主要内容包括××年度培训工作具体内容、时间安排和费用预算等。编制本计划的目的在于加强培训教育工作的管理，提高培训工作的计划性、有效性和针对性，使培训工作能够有效地促进公司经营目标的达成。

（二）计划依据

制订本培训计划的依据，如能力素质模型、公司重点战略课题、最新的培训需求等。

（三）培训工作的原则、方针、要求

1. 培训原则

（1）内培为主、外培为辅；

（2）各部门通力协作。

2. 培训方针

以"专业、敬业、服务、创新"的企业文化为基础，以提高员工实际岗位技能和工作绩效为重点，建立"全面培训与重点培训相结合、自我培训与讲授培训相结合、岗位培训与专业培训相结合"的全员培训机制，促进员工培训机制、员工发展和企业整体竞争力的提升。

3. 培训要求

（1）满足公司未来业务的发展需要；

（2）满足中层管理人员以及后备人员的发展需要；

（3）满足企业内部培训系统的发展和完善需要。

（四）培训目标

1. 培训体系目标和培训时间目标

2. 培训内容和课程目标

3. 培训队伍建设目标

（五）培训体系建设任务

（六）××年培训课程计划

1. 职位类（基于岗位）/（项目类别）

2. 课程名称

3. 课程大纲

4. 课程开发人

5. 课程完成时间

（七）重点培训项目

（八）培训费用预算

四、附录

序号	培训科目	概要	培训预期效果	培训对象	培训课时（单位：小时）	主讲人		培训时间											
						内聘	外聘	1	2	3	4	5	6	7	8	9	10	11	12

××单位_____年度培训计划

第九章
培训组织前期准备

9.1 培训实施前期准备工作

在培训管理的整个流程中,需求分析、培训计划制订都是培训管理者在做培训的策划工作。培训计划一经确定,接下来就是如何把培训计划组织实施到位。

培训的组织实施过程包括诸多环节和内容,如培训时间的确定、培训场所的选择、培训设备的准备、培训纪律的规范管理等。每一个环节都可能会影响培训的效果,因此要对每个环节进行认真准备和确认,这样才能组织实施培训。

在培训正式开始之前,要做一些准备工作,如下发培训通知、确认讲师、准备课件、确认时间地点、检查调试设备、准备培训所需表格及资料等。"兵马未动,粮草先行",良好的开始等于成功了一半,不打无准备之仗是成功的第一步。其实培训工作也是一样的道理:要想培训工作起到良好的效果,其准备工作是不可疏忽大意的。

培训准备主要有:培训通知下发,讲师确认,课件确认,时间地点协调,设施设备检查调试,所需表格及资料准备,学员确认,讲师、学员的交通食宿确认等,具体可以按照表9-1来准备:

表9-1 培训准备清单

序 号	确认项目	确认时间	责任人
1	时间	正式培训前1周	培训管理者
2	地点	正式培训前1周	培训管理者

续表

序号	确认项目	确认时间	责任人
3	讲师	正式培训前1周	培训管理者
4	课件	正式培训前1周	培训管理者、讲师
5	学员确认	正式培训前1周	培训管理者
6	设施设备检查	培训开始前1天	培训管理者
7	所需表单及资料	培训开始前1天	培训管理者
8	讲师、学员的交通食宿	正式培训前1周	培训管理者
9	培训开场准备	培训开始前1天	培训管理者
10	培训期间物资保障	培训开始前1天	培训管理者、供应商

9.2 培训准备工作具体事项

9.2.1 确定好时间

培训开展时间选择要得当，以尽量不与日常工作相冲突为原则，综合考虑公司工作、活动时间安排，同时兼顾学员的工作与生活时间。一般来说，可以安排在生产经营淡季或者周末、节假日这些充裕的时间段。在正式培训前3—5天，还需要与部门领导、讲师确认培训具体时间是否碰上紧急安排，避免公司生产、业务等部门工作紧急导致培训参加者寥寥无几的尴尬情况出现；除了确定培训时间，还应规定一定的培训时数，以确保培训任务的完成和学员水平的真正提高。

9.2.2 确定好地点

培训的形式大体可以分为内训和外训两大类，其中内训包括集中培训、在职辅导、交流讨论、个人学习等；外训包括外部短训、MBA进修、专业会议交流等。不管是外训还是内训，虽然培训计划中都有明确的时间和地点安排，但计划永远赶不上变化，因此需要对培训地点进行落实。内训所用会议室、培训室届时是否与其他会议或培训相冲突，需与会议室、培训室管理人员提前沟通，如果是外训，在考虑天气、行程安排的同时也要事先向领导请示，是否对培训地点安排有特别的要求。另外，在敲定培训地点之后，务必要提前到现场进行勘查，预估合理性，确保培训地点能够满足培训的需求。

9.2.3 确定好讲师

讲师分为外部讲师和内部讲师，当涉及外训或者内训中关键课程以及企业内部人员讲不了的课程时，则需要聘请外部讲师。因此要在培训内容基本确定的基础上，提前 3 周选择并联系培训讲师，确认其能否前来。确认讲师后，将公司简介（公司网站介绍、主营业务、规模、运作方式等）以及培训对象的基本情况（需求、能力水平、公司层级等）告知讲师，供其参考；提前 3 天与讲师确认好培训时间、地点，授课模式，仔细审查课件大纲、PPT、重要举例等培训相关内容并了解其培训时间长短，提醒讲师一定要使用普通话，如果发现明显不合理的地方，要及时与讲师沟通，做出相应调整；同时和讲师确认是否需要使用移动麦克风、白板及相关工具、电脑、PPT 翻页器等，课堂上是否有需要提前发放的材料、信息或提前阅读的教材等，如果需要则要提前准备好，避免出现准备不充分的情况影响培训进程；另外，要根据情况所需提前安排讲师伙食和住宿，并准备好给讲师的培训纪念礼品；如遇自己不能决定的事项，要第一时间汇报给 HR 部门领导进行协调处理。

9.2.4 确定好课程

根据培训计划的安排，提前收集课程包，组织相关小组成员进行课程评审，主要是看课程是否符合学员的需求，课件是否逻辑清晰，呈现美观。检查课程的完成度，也是培训前需要做好的重要工作之一。

9.2.5 确定好学员

对于该培训的参训学员，培训专员应对几位已经确定的主要参训学员进行事前了解，把所有参训对象的详细情况（包括学员年龄结构、岗位职责、工作现状等）列表分析，并设置简洁的调研问卷了解其所偏好的培训内容、讲授形式、参加积极性、希望了解哪些内容等，同时与公司领导进行充分沟通确认其对此次培训的具体想法和期望，以便将信息及时反馈给讲师，结合公司需求确定培训方向；初步统计参加者人数的大致情况，如果参加者人数较少，就需要及时向 HR 部门领导汇报，看是否需要调整培训时间。

9.2.6 发布好通知

前面几类信息确定后，就可以发布培训通知，培训通知在通过领导审核批准后在公司公告栏进行张贴，或通过公司 OA 系统进行公告发布。通知需主要说明以下内容：培训时间、地点、内容、讲师、培训纪律、自带笔和笔记本、培训检验考试等，通知需至少提前 1 周发布，具体模板见第十章。

9.2.7 检查好设备

对培训所需投影仪、音响、话筒、耳麦、激光笔、白板、白板笔、桌椅、白板擦、电源、照明、空调、周边环境情况等提前进行现场确认，对于无法正常使用的，要及时请维修人员进行修理或调换；如果是到外地进行培训，更需要提前抽时间、派专人前去确认以上事项，避免影响培训的正常开展。（如表 9-2 所示）

表 9-2　设施设备检查清单

设备	采购渠道		就位确认	未到位		需修/换			负责人	最终确认就位
	租	买		原因	到位时间	修	换	修/换完成		
投影仪										
音响										
话筒										
耳麦										
激光笔										
白板										
白板笔										
桌椅										
白板擦										
电源										
照明										
空调										
周边情况										
备注										
检查人确认										

9.2.8　确认好资料

一般而言，培训签到表、培训评价表、测试题、笔记本、笔、饮用水等要提前准备好，并留有余量，在培训开始前放置在相应位置，避免因准备不充分造成培训现场混乱。（如表 9-3 所示）

表 9-3 培训资料准备清单

表单/资料	需求数量	准备数量	使用人	使用位置	存在问题	是否解决
培训签到表						
培训评价表						
测试题						
笔记本						
笔						
饮用水						
检查人确认						

9.2.9 确认好行程

如果是聘请外训讲师，培训前用车迎接、培训后用车相送都必须准时，要求驾驶员以热忱、礼貌的态度完成接送工作。如果培训时间较长，可能还涉及食宿等安排，这都需要提前订好公司协议酒店，安排好学员和讲师的伙食；培训结束后，学员的交通安排同样需要与总务人员协调好，以免影响学员后续工作。

表 9-4 参培回执表

参培回执表								
姓名	性别	单位	身份证号	手机号	到达时间	入住时间	离开时间	备注
1								
2								
3								

9.2.10 准备好开场

培训当天，相关负责人员需要至少提前一个小时到达现场，对培训会场情况进行再次检查，并做好接待引导、秩序维护、督促签到、主持和开场等工作。

9.2.11 安排好后勤

讲师、学员的食宿需要提前进行安排，并准备好现场茶歇、饮用水等。培训的具体事项可以参照培训前资源准备清单，如表9-5所示：

表9-5 培训前资源准备清单

序号	项目	准备事项	准备要求	准备方	确认情况
1	培训场地	场地数量	根据需求数量准备		
2		场地面积	根据参与人数确定		
3		场地采光及通风	采光、通风条件良好		
4		场地布置要求	布置简约、大气，符合公司培训需求		
5		场地预定	提前进行		
6		场地位置引导图	制作完打印并张贴在场地显眼位置		
7		停车位	数量充足		
8		条幅/易拉宝/海报等宣传品	提前联系专业人员制作		
9		空调设施	能正常使用		
10		数码投影仪	能正常使用		
11		投影幕布	能正常使用		
12		音响设施	能正常使用		
13		音频线或小音箱	能正常使用		
14		笔记本电脑	能正常使用		

续表

序号	项目	准备事项	准备要求	准备方	确认情况
15		电脑与投影仪连线	能正常使用		
16		延伸插座	数量		
17		话筒	有线或无线		
18		无线话筒电池	型号及数量		
19		教具设施备用干电池	型号及数量		
20		讲师讲台、座椅	提前布置		
21		签到处	提前布置		
22		讲师休息处	提前布置		
23		白板	大小		
24		白板笔	颜色及数量		
25		大白纸/白板纸	数量		
26		白板夹	数量		
27		书写纸/A4纸	颜色/数量		
28	教学用具	剪刀、透明胶带	数量		
29		辐射投影笔	提前准备		
30		翻页器	提前准备		
31		签字笔	数量		
32		铅笔	数量		
33		计算器	数量		
34		其他需求道具	根据具体情况需求准备		
35		茶歇准备（含盛放器皿）	提前布置		
36	茶歇	热水壶及热水	数量		
37		瓶装饮用水	数量		
38		垃圾桶/袋	数量		
39		邀请嘉宾/主持人	提前确认		
40		邀请函	印制及发放		
41	其他	议程（开场）	印制及发放		
42		培训签到表	印制		
43		学员讲义	印制及发放		

续表

序号	项目	准备事项	准备要求	准备方	确认情况
44		讲师课件	提前核对		
45		桌签	印制及摆放		
46		摄像机	能正常使用		
47		照相机	能正常使用		
48		录音笔	能正常使用		
49		录音笔电池	数量及型号		
50		开班引导词	熟练朗读		
51		开场或中场轻音乐	提前下载		

【小贴士】在培训前的准备环节，可以将讲师、教材、物料、考评方式都整合在一起，这样的方式便于培训管理者检查准备工作是否充分。（如表9-6所示）

表9-6　培训方式选择表

<table>
<tr><td colspan="8" align="center">培训方式选择表</td></tr>
<tr><td>日期</td><td colspan="2"></td><td>单位</td><td></td><td>部门</td><td>联系人</td><td></td><td>电话</td><td></td></tr>
<tr><td rowspan="2">培训计划</td><td>日期</td><td></td><td colspan="2">时间</td><td></td><td rowspan="2">培训课程</td><td rowspan="2"></td></tr>
<tr><td>人数</td><td></td><td colspan="2">培训地点</td><td></td></tr>
<tr><td colspan="2" align="center">讲师准备</td><td colspan="2" align="center">教材准备</td><td align="center">培训物料</td><td colspan="2" align="center">培训评价方式</td></tr>
<tr>
<td colspan="2">□讲师信息
姓名：
工作部门：
联系方式：
是否外聘：
外聘公司名称：
联系人：
联系方式：</td>
<td colspan="2">□培训计划人手一册
□准备教材人手一册
教材发放形式：
□电子教材
□打印
□培训公司准备</td>
<td>□水
□横幅
□投影仪
□通风
□空调
□温度：　度
□茶歇
□桌牌
□指示牌
□音响
□胸麦</td>
<td colspan="2">□现场满意度调查
□笔试
□课题跟踪
□工作业绩考核
□其他方式（请在下面填写具体的方式）：
1.
2.</td>
</tr>
</table>

续表

培训方式选择表			
教室布置		□手持麦克	
□剧场式	□小组式	□照相机	
□教室式	□马蹄式	□摄像机	
□U形会议式		□电脑：　台	
培训方式选择	□现场观摩	□专题讨论会	□网络
	□案例互动	□集中讲授	□电话
	□OJT	□交流	□笔：　支
	□自学	□E-learning	□钢笔
	□角色扮演	□游戏	□铅笔
	□程序教学法	□视听法	□圆珠笔
	□师傅带徒弟	□其他	□纸

培训方式选择 (续)		**证书发放**
		□不发证书
		□发证书
		证书样式：
		证书数量：
		证书颜色：
		发证单位：
		证书适用范围：
		证书有效期限：
费用 计划额度： 支出范围： 支出时间：	□口杯：　个 □纸杯 □签到簿：　份 □满意度调查表：　份 □电子白板 □白板笔 　黑色：　支 　红色：　支 　蓝色：　支 □挂纸板 □挂纸：　张 □激光笔 □粉笔 □黑板擦：　个 □白板擦：　个	**其他准备**
关联单位		
实施部门	培训实施人	

第十章
培训组织实施管理

培训的组织实施是教学活动的实施过程，培训实施流程包括培训签到、培训前介绍、培训现场管理、培训结束几个环节，具体介绍如下。

10.1 如何确认参训学员

学员参训确认包括与学员本人确认和与其直线经理确认两方面。与学员本人确认是要与学员确认能否按时参加培训，与其直线经理确认旨在争取学员领导对其培训的支持，确认单可参照表 10-1：

表 10-1　学员参训确认单

×× 培训班学员参训确认单				
×× 经理： 　　根据要求，公司组织培训，旨在解决员工在_____方面的差距，具体安排如下。				
培训日期		培训地点		
培训对象				
培训内容				
培训要求	对培训学员及考勤情况的具体要求： （1） （2）			
学员姓名	职务/岗位	参加方式 （强制参加/自主报名）		确认意见

10.2 如何下发培训通知

培训通知是通知培训学员相关事宜的文书,包括培训的背景、目的、时间、地点、培训要求等事项。培训通知应至少提前 1 周发布。培训通知可参照表 10-2 所示。

表 10-2 培训班开班通知模板

关于 ××× 培训班开班通知
1. 项目背景: (简要说明) 2. 项目目标: (简要说明) 3. 培训班实施方案: (1)培训时间: (2)培训地点: (3)培训讲师: (4)参加人员: (附参训名单) (5)签到流程: (6)培训安排及课程设计: (详细说明) 4. 其他注意事项:

10.3 如何进行培训介绍

培训前介绍环节是培训主管针对培训项目的定位、设计原则、培训流程

安排、培训要求做出的简要引导介绍,主要目的是让学员明确学习目标,快速进入学习角色。(如表10-3所示)

表10-3　培训前的简要介绍

培训背景介绍	根据各单位学员的培训需求,结合我公司(或单位)实际情况,特举办本次培训班,本次培训的目标是,采用培训方式(或方法),为_____单位/人员进行_____内容的培训,目的是解决_____问题,提高参加培训学员的水平。 本次培训特聘请××教师,进行本次培训授课(或主持本次互动研讨),教师简介_____(包括资质、能力、业绩水平)。
教学简介	课程内容	通过需求调查,参训学员在_____方面的能力存在差距,本次培训的目的是解决上述差距,所以本次课程设置的重点内容包括_____,希望学员能在本次培训中认真听讲,积极参与,达到培训的目的。
	课程安排	(详细的分解计划,包括何时讲什么内容、何时进行案例分析、分组讨论、现场问题解答等)
	考核办法	(具体的考核方式,如培训满意度调查、课题跟踪考核;培训后的笔试考查、面试评价等)
其他说明	如安排住宿、就餐、注意事项等 　　　　　　　　　　　　　培训部:　　　年　　月　　日

10.4　做好培训现场管理

好的培训必须有好的培训现场管理,一般从培训前、培训中、培训后三个方面进行。决定培训是否顺利实施的重要因素就是培训现场管理,即培训组织者在培训当天所要做的工作。培训现场管理同培训计划阶段一样,也需要充分准备。培训组织者需要掌握培训现场管理的流程和关键点,进行充分的反思总结。按照时间顺序,可把培训现场管理分为3个阶段:培训前、培训中、培训后。

10.4.1 培训前

培训前这一时段，就是当天培训时，学员进场前需要培训组织者准备的各项工作，主要工作就是布置会场。布置会场主要有桌椅摆放、投影仪及音响调试、培训后勤准备等。一般情况下，培训组织者要在学员进场的15—20分钟前准备好这些工作，以免给学员留下培训准备不充分的印象，影响培训效果。

1. 桌椅摆放

对于正式的培训，学员桌椅摆放要根据人员数量准备充足并摆放整齐，避免影响培训现场的整体环境。

2. 投影仪及音响调试

一定要在培训正式开始前将电脑与投影仪设备进行连接，确保投影仪能够正常显示，电脑中的PPT课件或视频音频资料能够正常播放，并根据房间的大小调整投影仪与幕布间的距离，确保最后一排的学员能够清楚看到幕布上的课程内容；对于比较大的培训场地，一般都有音响设备，要在培训正式开始前调试一下设备；对于无线话筒，要准备好备用电池。（如表10-4所示）

表10-4 投影仪及音响调试表单

	显示		PPT播放		音频		距离是否合适		距离清晰度	
投影仪	正常	需要调整	正常	需要调整	正常	需要调整	合适	需要调整	合适	需要调整
		原因 调完		原因 调完		原因 调完		原因 调完		原因 调完
	是否需要电池		音响是否完好		—		—			
音响	否	需要	完好	需要修/换						
		配好 需配		问题 解决						
					—					

3. 培训后勤准备

培训教室里面的培训饮用水和纸杯要足量准备，也可准备咖啡、茶叶、小点心或水果等，具体要根据培训预算和培训的人数、规格而定。

10.4.2 培训中

培训中这一时段，就是从培训正式开场到本次培训结束。培训组织者的主要活动具体包括以下几项。

1. 组织学员签到

提前准备好签到表并发放名牌，签到表一式两份，一份用于学员签到，另一份用于讲师认识学员所用。对于正式培训开始后 30 分钟未到的学员，及时问询原因，并且在备注栏内予以说明。（如表 10-5 所示）

表 10-5　培训签到表

培训签到表					
培训主题					
培训时间	开始时间			结束时间	
培训讲师					
培训地点					
序　号	姓　名	部　　门		签到时间	备　注

2. 检查讲师着装

讲师的个人打扮要符合职业要求，给学员专业有素的良好印象。一般情况下穿上班的职业装即可，大型的、高层次的、重要人物出场的培训要穿正装。

3. 培训场地细节介绍

在这个环节应整体介绍培训场地环境,如应急安全路线、洗手间及茶点安排等看起来细小的问题,让学员感受到培训组织者的用心,主动配合你的工作。

4. 培训纪律宣读与管理

培训的具体实施过程是一个教与学互动、讲师与学员相互沟通的过程。为了营造积极良好的互动气氛和共同自律、文明、有序的培训氛围,需要制定一些规章制度,以规范学员的行为,确保培训如期、有效地开展。培训规定不但可以保证讲师的授课效率,还可以提高学员的学习效率。学员遵守培训规定、积极主动配合讲师,既是对讲师的尊重,也能体现出学员的素质。具体的培训纪律要求如表10-6所示,培训纪律登记表如表10-7所示:

表10-6 培训纪律要求

	培训纪律要求
出勤	1. 参训学员需准时到场,不迟到、不早退、不缺课
	2. 学员一般不得请事假(特殊情况除外); 请假必须有部门负责人签字请假条
纪律	1. 爱护培训教室公共设施,有异常情况及时反馈; (人为损坏的,当事人照价赔偿并做处罚处理)
	2. 保持培训室的清洁,严禁在培训室内吸烟、乱丢垃圾、随地吐痰; 不得在培训课桌上或是墙壁上乱涂乱画
	3. 桌椅、窗帘、看板等公物要轻拉轻挪; 不使用时归位放好、摆放整齐、保持整洁
	4. 培训时严禁随意走动、大声喧哗、嬉戏打闹、聊天、打瞌睡、玩手机、吃零食等行为
	5. 培训时严禁接听和拨打电话,须自觉将手机关闭或设置成静音状态
	6. 培训时禁止离开教室,上洗手间、喝水,特殊情况除外
	7. 培训时言行要礼貌,随身物品不得放在桌面上; 课程结束时须将桌椅摆放归位,并保持培训室清洁
	8. 培训时认真听讲,适时做好笔记; 对于教学内容有不明白的地方要勤于发问

表 10-7　培训纪律登记表

姓名	单位	组别	迟到	早退	请假	缺课

5. 介绍讲师及培训课程相关情况

在进入正式的培训阶段之前，培训组织者要做的就是介绍讲师。比如，讲师的职位、经验等，目的是树立讲师权威、专业的形象。同时介绍培训课程相关情况，便于学员初步了解自己在学习什么，让学员注意听讲、重视课程，有利于课程的正常开展。

6. 培训时间进度的控制

一般情况下，要根据课程表的安排时间开展培训，不要拖延时间，给学员不好的培训感知。授课讲师是课程的主导，培训管理者要提前沟通，一定要让讲师熟悉自己的讲授内容，且要严格按照课程规定时间进行。同时，培训管理者要根据现场情况灵活调整学员提问时间，对于学员提问课程外问题的行为，要委婉提醒制止；若关于培训内容问题的提问时间过长，影响培训进度的，也要及时委婉提醒。

7. 突发事件的处理

培训现场可能出现培训设备故障，如投影故障、话筒没电等问题，需要培训管理者在现场及时予以解决，要掌握常见故障的处理方法。如果遇到讲师临时有事情无法授课，要及时调整课程安排或安排备用讲师。同时，培训过程中需要培训管理员针对培训过程中出现的状况进行处理，如讲师教学的特殊需求的满足、学员的违纪处理等。

8. 培训气氛调节

不是所有的讲师都能够将自己的课程效果发挥得淋漓尽致，让所有人的注意力都集中在课堂上。因此，作为培训管理者，应该时刻关注培训教室里面的变化，帮助讲师维持良好的培训氛围。良好培训氛围的基本要求就是学员愿意学习、注意力集中、与讲师互动良好，培训氛围轻松愉快。除此之外，音乐在培训中能够起到渲染环境气氛、引发生理及心理"共鸣"、引发联想及思考、增进彼此感情、陶冶情操、增加行动的欲望等作用。如果培训音乐使用得当，会起到事半功倍的效果。因此培训管理者要在不同的时间选择不同的音乐播放。例如，在培训活动中的若干次中场休息时间，这些时间通常用来吃点心、喝饮料、学员之间进行交流等，这时的音乐应以舒缓、轻柔、亲切、温馨为主，可选用《春郊试马》《娱乐升平》或其他轻柔的小提琴曲、钢琴曲等。

9. 注意控制授课休息时间

作为讲师，可能在台上讲得忘了时间，没有发现台下的学员已经是精神不振的涣散状态。因此根据人们的生理规律需求，应该在培训时每隔一个小时休息十分钟时间，以维持讲师和学员积极的精神状态。作为培训管理者，要及时暗示或提醒讲师休息时间到了。

10.4.3 培训后

培训结束后，培训管理者也要善于"升华"结尾。当天培训结束后，需要安排讲师离场，进行学员满意度调查，以便后期整理培训档案、撰写培训总结报告。在这些工作完成后，可以整理培训的设施设备，结束此次培训。

1. 安排讲师离场

提前安排好接送司机，并赠予讲师培训纪念礼品，有礼貌地安排讲师离场。

2. 进行满意度调查

提前打印满意度调查表，在向学员发放后，进行填写的相关说明，让学员如实进行培训满意度评价。（如表 10-8 所示）

表 10-8　学员培训回访调查表

学员培训回访调查表						
培训课程：				组织部门：		
培训讲师：				培训时间：		
满意度调查 5 点量表		很满意 10 分	较满意 8 分	一般 6 分	不满意 4 分	很不满意 2 分
1. 课程内容评价						
A. 对学习到的新知识、观念、技巧等内容的满意程度						
B. 实用性、可操作性的程度						
C. 对于今后工作的启发程度						
D. 对于掌握更好的解决问题之方法的帮助程度						
2. 讲师水平评价						
A. 课程的准备工作（PPT 及教材的质量）						
B. 讲课的系统性、条理性						
C. 口语表达能力（如清晰、准确等）						
D. 激发学员的参与度与学习意愿方面						
E. 对课时的掌握控制程度						
F. 必要的回顾与总结						
G. 鼓励提问并耐心解答						
3. 组织工作评价						
A. 培训安排及准备事项						
B. 培训方式及时间安排						
C. 培训环境及设施条件						
4. 满意度评价						
您对本次培训满意程度综合评价						
您对本次培训在各方面的启发或收获：（知识、观念、技能、技巧）						
您的宝贵建议：（如希望参加的培训类型、课程；推荐内部讲师；对培训组织形式及其他相关工作建议等）						

3. 收好培训设施

收拾培训所用电脑、投影仪、培训现场的大白纸、大头笔等现场布置用到的可回收物品，保持培训后现场的整洁。

10.5　如何调动学员情绪

学员参与培训的积极性一直是让培训管理者苦恼的问题，营造良好的培训氛围，提高学员对培训的参与度，获得学员心理上的认可是培训管理者必须掌握的技能。

调动学员参与培训的积极性目的就是让学员积极参与培训，提高其技能，满足岗位胜任要求，提升工作绩效，从而提高公司整体效益，同时让 HR 部门的培训工作有所起色，让公司其他部门及领导感觉到 HR 部门存在的价值。

说到提高学员参与培训的积极性，很容易就能想到"投其所好"，也就是说，要满足其在培训、提升方面的需求，认为这就切合了马斯洛需求层次理论的分析，但这种需求不是学员随意的需求，也不是每个人需求的简单相加，而必须要适合公司发展的整体方向，那些公司发展现阶段不适用或公司不提倡的培训需求要拒之门外。通过这样简单的分析，不难发现，要提高学员参与培训的积极性，不外乎从内因和外因两个方面入手：内因包括个人提升欲望、个人培训需求与公司需要的重合性、自我认识情况等，外因包括公司培训文化、培训现场环境、培训具体内容、培训方式方法等。（如表 10-9 所示）

表 10-9　学员现场调查表

培训现场调查					
姓名：		填表日期：		入职年限：	
部门：		现任职务：		学历：	
加入本公司前的工作：（　）国有企业（　）外商独资企业（　）合资企业（　）私营企业						
您的工作职责：						

续表

培训现场调查
培训认同度调查
1. 您认为，培训对于提升您的工作绩效、促进个人职业发展能否起到实际帮助作用，您是否愿意参加培训： □非常有帮助，希望多组织各种培训 □有较大帮助，乐意参加 □多少有点帮助，会去听听 □有帮助，但是没有时间参加 □基本没有什么帮助，不会参加 2. 您认为，本部门内部关于管理能力、行业和市场信息、岗位工作技能的培训、讨论、分享是否充分： □非常充分　　□充分　　□还可以　　□不够充分 □基本没有分享 3. 您目前的学习状态是： □经常主动学习，有计划地持续进行 □偶尔会主动学习，但没有计划性，不能坚持 □有学习的念头或打算，但没有时间 □有工作需要的时候才会针对需要学习 □很少有学习的念头
培训的组织和安排调查
1. 鉴于公司的业务特点，您认为最有效的培训方法是什么？请选出您认为最有效的3种： □邀请外部讲师到公司进行集中讲授 □安排受训人员到外部培训机构接受系统训练 □拓展训练 □网络学习平台 □由公司内部有经验的人员进行讲授 □部门内部组织经验交流与分享讨论 □光碟、视频等声像资料学习 □建立公司图书库，供借阅 □其他：_____ 2. 您认为，最有效的课堂教学方法是什么？请选出您认为最有效的3种： □课堂讲授　　□案例分析　　□模拟及角色扮演 □音像多媒体　□游戏竞赛　　□研讨会 □其他：

续表

培训现场调查
3. 您认为，以下哪个因素对于公司培训工作的开展效果影响最大： 　□领导的重视程度　　　　　　　　□员工的培训参与意识 　□培训方式与手段　　　　　　　　□培训时间的安排和时长 　□培训组织与服务　　　　　　　　□培训内容的实用性 　□培训讲师的授课水平　　　　　　□培训效果的跟进 4. 公司在安排培训时，您倾向于选择哪种类型的讲师： 　□实战派知名企业专家，有标杆企业经验 　□学院派知名教授学者，理论功底深厚，知识渊博 　□职业培训师，有丰富的授课技巧和经验 　□咨询公司高级顾问，有丰富的项目经验 　□本职位优秀员工，对公司业务很了解 　□其他： 5. 以下讲师授课风格及特点，您比较看重哪一点： 　□理论性强，具有系统性及条理性　□实战性强，丰富的案例辅助 　□知识渊博，引经据典，娓娓道来　□授课形式多样，互动参与性强 　□语言风趣幽默，气氛活跃　　　　□激情澎湃，有感染力和号召力 　□其他 6. 假如，鉴于您在某一领域的丰富经验，您被推荐担任某一门课程的内部讲师，您是否乐意： 　□非常乐意，既可以锻炼自己，又可以分享知识，何乐而不为 　□乐意，但是没有经验，希望公司能提供关于讲授技巧方面的培训 　□乐意，但是没有时间做这个事情　　□需要考虑一下　　□不会担任 7. 您认为，对于某一次课程来讲，多长的时间您比较能接受： 　□2—3 小时　　　□7 小时（1 天）　　□14 小时（2 天）　　□14 小时以上 　□其他
培训需求信息调查
1. 根据本公司的工作表现，您认为本公司员工培训需求重点在于哪个方面： 　□岗位专业技能　　　　　　　　　□（个人自我）管理技能 　□企业文化　　　　　　　　　　　□职业道德与素养 　□职业生涯规划　　　　　　　　　□行业、市场及产品信息 　□人际关系及沟通技能　　　　　　□通用基本技能 　□其他 2. 作为职员，您认为您本人××年的培训需求重点在于哪个方面： 　□领导艺术　　　□管理理念　　　□管理工具　　　□角色认知 　□职业道德　　　□管理理论　　　□职业化　　　　□人员管理技能 　□其他

续表

培训现场调查
3. 考虑到各部门岗位、职能差异较大，以下问题请您针对本公司的业务特点及管理重点，以文字进行描述。 　1）您认为本公司员工在岗位专业技能上，需要进行哪些方面的培训（请列举三项最紧迫的培训需求）？ 　　_____ 　　_____ 　　_____ 　2）您本人在日常工作中（包括个人能力与人员管理）经常遇到哪些问题和困难？ 　　_____ 　　_____ 　3）希望提升哪些方面的能力？ 　　_____ 　　_____ 　4）希望获得哪些方面的培训或支持？ 　　_____ 　　_____

10.5.1　如何介绍培训讲师

在进入正式的培训阶段之前，培训组织者要做的就是介绍讲师。比如，介绍讲师的职位、经验等，目的是树立讲师权威、专业的形象。同时介绍培训课程相关情况，便于学员初步了解自己在学习什么，让学员注意听讲、重视课程，有利于课程的正常开展。

介绍时一般讲究"课重人名"，就是培训管理员（主持人）先介绍接下来的课程名称、课程重要性，然后介绍带来此课程的讲师，包括姓名、职称或荣誉等，必要时可以简要说明讲师水平高、经验很丰富等，最后号召学员用热烈的掌声有请讲师上台授课。

接下来介绍一种开场的方式——破冰。(如表 10-10 所示)

表 10-10 "破冰"案例

环境设置：		凳子围圆，中间空出大的活动空间
环节一：		介绍培训老师，说明"破冰"的意义（给彼此了解的机会，建立资源库）
环节二：	热身	（导师学员互动，提起情绪） 导师：下午好！ 学员：好！很好！非常好！ 导师：各位愿意认识新朋友吗？ 学员：愿意！非常愿意！（可根据需要进行多轮的互动）
环节三：	写特征	1. 每个人一张白纸，在白纸上写上自己的名字，并写上能让人一眼就认出来的特征，然后把纸条放在指定的篮子里 2. 每人抽一张其中的纸条（如果抽到的是自己，则换一张），根据纸条上写的特征找出这个人，然后和这个人进行3分钟的交流（因为你找到的同伴不一定是拿到你自己那张纸条的人，所以交流的人数不一定是2人，可能是多人）
环节四：	内外圈交流	1. 上一环节结束后，所有学员回到自己的位置上，"1、2、1、2"地报数，报到"1"的学员拿着凳子向圆圈里走一步，形成内外两个圈 2. 内圈向后转，与右后方的一名学员进行3分钟的交流 3. 内圈的人起立，向左手边走两个位置，之后与右后方的人交流3分钟 4. 外圈的人起立，向左手边走两个人的位置，之后与左前方的人交流3分钟 5. 重复第3、4步若干次（视情况而定）
环节五：	大风吹，抢凳子	1. 一名学员做主持人，说："大风吹。"其他学员问："吹什么？"主持人："吹短头发的。"然后所有短发的学员和主持人一起抢坐凳子 2. 没抢到凳子的人做主持人，并重复第1步 3. 如果同一个人连续两次抢不到凳子，这个人就要进行才艺展示

续表

环节六：	小组合作	1. 按照需要的分组数进行全员报数，如需要分成5组，则"1、2、3、4、5；1、2、3、4、5……"地报数，报到1的人组成第一组，如此类推 2. 记住所有组员的名字，并且能说出"我是A旁边的B旁边的C旁边的……（全部成员的名字）的某某"（5—8分钟） 3. 每一组是一个团队，成员们需要给自己的团队起队名、选队歌、确定口号和队徽，还要有一个代表团队的动作，把队名、队歌的歌词、口号、队徽写在全开的白纸上，并进行彩排（15到20分钟） 4. 每一个团队都要介绍一下自己的队名以及选择这个队名、队歌、队徽的原因，并把队歌唱出来（最好能够加上肢体动作）
环节七：	结束语，并送上祝福	

10.5.2 如何加强沟通交流

员工参加培训的积极性最根本在于员工本身，即内因。如果员工有较强的学习、提升、成就欲望，就一定会主动发现自身不足，期望通过培训学习实现自我提升。这样的员工，一定十分珍惜公司提供的所有培训机会，会挤出时间来参加培训和学习，甚至还会利用业余时间自学；反之，如果员工自身进步、成就欲望不强，那么公司要从能够提升员工培训学习积极性的内外因着手，调动其积极性，如培训奖励、培训与晋升挂钩机制的建立，又如公司对培训项目进行营销、员工直线经理表达对学员的期望、公司培训氛围的营造等能提升参训学员荣誉感和使命感的方法，很好地激发学员参加培训的积极性。同时，公司应下发培训相关情况和目标，培训管理者与学员在培训过程中应进行紧密的沟通交流，让学员更加了解培训，明白培训的必要性和进步性，从而做到积极参与。

10.5.3 公司个人需求结合

对公司处在什么发展时期，或员工所在的部门及所在的岗位，都应当有一个基本的要求（也就是常说的Job Description），如果员工的职业生涯规划不清晰，时而对这个工作感兴趣，时而又想转到另一个工作，而跳到另一个工作又不得不从零开始，熟悉了新的工作后，原来旧的工作由于间隔时间较长或其发展变化较快等逐渐变得陌生，始终无法深入、专业、精深某项工作。所以，个人对培训内容的需求是不是与公司发展相一致，就决定了需求能不能得到满足，员工能否自觉、主动地投入培训。

此外，个人需要的培训内容、深度、广度是不是与公司需要的一致，也同样决定着员工会不会参加此类培训。例如，一名电气工程师想获得结构工程师方面的培训，想通过培训得到拓展，方便以后提升，但公司只安排相关人员参加，要想参加就需要说服领导；加之电气工程师从事的不是结构工程师的工作，即使参加培训，可能也不能学得很深入；另外，工程师的培训也分初级、中级、高级，如果初级的学员想越级尽快提升而去参加高级的培训，容易听不明白，那么培训效果也是不好的，势必会影响学员参加培训的积极性。所以，个人需要的培训的主题、内容等是否适合公司和个人实际上是影响员工参加培训积极性的重要因素。要把理论的内容和公司内部的事务结合起来，使学员的认知从抽象到具体。例如，在企业管理知识的课堂上，提到"管理的细节"时，可以将公司曾经开展过的一些集体活动中由于不注意细节而带来的一系列问题作为反面教材，联系公司实际，加深学员的印象；在讲述"素养"环节时，可以结合公司的《员工工作制度》中"礼仪规范"的内容进行讲述。

10.5.4 制度规范奖罚有规

如果公司有较为完善的培训管理制度，对参加培训、课堂纪律、培训考试等都有严格的要求，并对不达标有相应的处罚措施，那么，在这样的要求下，学员参加培训的积极性也会相应地提高；反之，如果公司在培训时规范缺失或制度不太健全，就可能成为学员培训"可来可不来"的借口，所以，要让学员参加培训的积极性增高，拥有较为完善的培训管理制度也是很必要的。同时，要安排相应的培训考核，在培训之后都要进行考试，培训考核制度作为直接检验培训成果的方式，能够有效提高学员对培训的重视程度与参与程度。同时讲师在讲到每个考点内容的时候需要重点指出来，一方面加深学员对课程重点内容的印象，另一方面减少学员对考试的恐惧感。员工培训考核成绩登记表如表 10-11 所示。

表 10-11　员工培训考核成绩登记表

员工培训考核成绩登记表					
培训项目：			培训时间：		讲师：
序号	姓名	部门	考评成绩	补考成绩	备注
1					
2					
3					
4					
5					
6					
统计人：_____		统计时期：_____		复核：_____

10.5.5　培训现场要有活力

把培训教室气氛制造得温馨些，色调简单些，周边张贴"今天的学习，明天的成长""学习如逆水行舟，不进则退""只有学习才能提高我们的本事"等鼓励、警示性标语，让学员一走进培训室就有"自己知之甚少""来这里就是来虚心学习"的感觉。同时，在培训现场播放一些较为舒缓的轻音乐，减少学员心中的浮躁感，让人人都能静下心来参与培训。上课过程中尽可能一改平铺直叙、死气沉沉的做法，通过喊口号的方式把学员的精神、注意力调动起来，可以教大家做几个简单的动作，喊几句有力划一的口号。例如，培训师统一喊的口号可以是"好！很好！非常好！"，并有节奏地鼓掌，使学员有耳目一新的感觉，同时也可以振奋精神、集中注意力。

10.5.6 培训要生动有价值

这是提高学员参与培训积极性的一个重要方面。如果学员对培训所讲内容不知所云，会恨不得马上离开教室或钻进地缝里消失，因为在这里"伤自尊了"。只有员工真正感觉到培训对他们自身的提升、对实际工作是有帮助的，才会积极地投入培训中来，这样培训才会收到应有的效果。所以，培训要有针对性，不可盲目求高求新，而应坚持"适合的才是最好的"，应迎合学员实际状况和水平进行培训内容的安排。

10.5.7 周密设计培训方法

有关研究表明，通过语言传输的信息，事后能够记住的内容不到25%，通过图片信息传输的会好些，通过动作示范的会更好些。因此在组织培训时，应根据不同内容而采取不同的培训方法（如操作类一定要到现场进行手把手培训，并且要求学员亲自操作，不懂再问，然后再操作，以至全部弄明白和熟练；又如消防安全的灭火器使用必须要明白"一提二拉三压四瞄"，但更要拿起灭火器来使用），因为真正通过课堂传授就可以了然于心并熟练运用的内容少之又少。当然，如果培训讲师幽默风趣、知识面广、实际经验丰富、个人魅力大、培训吸引力强等也是可以提高学员参加培训的积极性的，因此要聘请经验丰富、口碑好的讲师来进行培训。

10.5.8 结果评估严格考核

如果培训对学员没有直观性的激励，将很难调动起大家的积极性。因此，对参培人员应有相应的激励设计，如参加培训并取得成绩方可晋升，评选优秀培训学员等，用以激励学员参培并重视培训。

10.5.9　其他方法组合使用

在课堂上，讲师可以点出员工的名字，并把他们巧妙地放到培训的案例当中，拉近与学员之间的距离。课程进行约一小时后一般应课间休息 5—10 分钟，此时可以播放事前准备好的优美的音乐，调整学员情绪。

综上所述，应紧紧抓住提高学员参加培训积极性的内外因，做到内外因相互补充、相互作用，并做好积极引导工作。企业有制度来激励与约束，自然就会形成培训氛围，员工积极参与并重视培训，学习激情就会提升。在培训过程中要想方设法，用最好、最便捷的方法把知识传递给员工，"培训是给员工最大的福利""授之以鱼不如授之以渔"，只有通过不断培训来提高员工的素质，员工才能更好地领会公司的管理意图，公司才能全面健康发展。

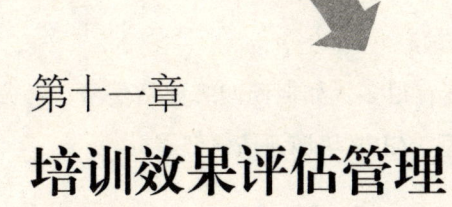

第十一章
培训效果评估管理

常用的培训效果评估模型有很多,如柯氏四级评估模型、考夫曼五层次评估模型、CIRO 培训评估模型、CIPP 培训评估模型等。

11.1 柯氏四级评估模型

柯氏四级评估模型是由国际著名学者柯克帕特里克(Kirkpatrick)于 1959 年提出的。柯氏四级评估模型是目前应用最为广泛的培训效果评估模型,有很强的系统性和可操作性,如表 11-1 所示。

表 11-1 柯氏四级评估模型

评估层次	评估内容
反应评估	学员对培训组织、培训讲师、培训课程的满意度
学习评估	学员在知识、技能、态度、行为方式等方面的学习收获
行为评估	学员在工作过程中态度、行为方式的变化和改进
结果评估	学员在一定时期内取得的生产经营或技术管理方面的业绩

11.2 考夫曼五层次评估模型

考夫曼扩展了柯氏四级评估模型,他认为培训前各种资源的获得是影响培训能否成功的重要因素,因此,应在模型中加入对资源获得可能性的评估。他认为培训所产生的效果不应仅仅对本企业有益,还最终会作用于企业所处的环境，从而给企业带来效益。因此，他加上了第五个层次，即评估社会和顾客的反应，如表 11-2 所示。

表 11-2　考夫曼五层次评估模型

	评估层次	评估内容
1	培训可行性	确保培训成功所需的各种资源的质量、有效性、可用性
	反应	方法、手段和程序的接受程度和效用情况
2	获得	学员技能与胜任力
3	应用	学员在接受培训项目后，其在工作中知识、技能的应用情况
4	企业效益	培训项目对企业的贡献和回报
5	社会产出	社会和客户的反应、结果和回报

11.3　CIRO 培训评估模型

CIRO 是 Context（情境）、Input（输入）、Reaction（反应）、Output（输出）的缩写。该模型由奥尔、伯德和莱克哈姆创建，认为评估必须从情境、输入、反应、输出四个方面进行，比一般的培训评估的范围更宽泛。（如表 11-3 所示）

表 11-3　CIRO 评估模型

阶段评估	评估任务	具体说明	实　施
情境评估	明确培训的必要性	获取和使用当前情境的信息来分析和确定培训需求和培训目标	培训的组织者
输入评估	确定培训的可能性	获取、评估和选择可利用的培训资源来确定培训方法	培训讲师
反应评估	提高培训的有效性	收集和分析学员的反馈信息来提高培训过程	学员
输出评估	评价培训的结果	收集和使用培训结果的信息	公司高层

11.4 CIPP 培训评估模型

CIPP 模型与 CIRO 模型相似，包括四种评估：情境评估、输入评估、过程评估和输出评估。情境评估有助于形成目标，输入评估帮助计划培训项目，过程评估引导培训实施，输出评估促进回顾决策。CIPP 模型强调评估手段在各个阶段的应用，旨在及时发现问题并改善。（如表 11-4 所示）

表 11-4　CIPP 评估模型

阶段评估	任务说明
情境评估	了解相关环境、分析培训需求和机会、评估存在的问题
输入评估	评估培训资源和培训项目，如何最佳使用资源成功实施培训
过程评估	培训中提供反馈信息给培训实施者，以便于后续培训过程的改进和完善
输出评估	对培训是否达到预期目的进行评估

第十二章
柯氏四级评估详解

培训评估的方法有很多，如笔试测验法、实操测验法、观察法、提问法（面试法）、案例法，从培训种类来看，有训前评估、训中评估、效果评估。从效果评估的内容来看，柯氏评估模型已成为企业培训效果评估的主要标准。柯氏评估的具体内容如下。

12.1　柯氏评估的内容介绍

柯氏培训评估模式，简称"4R"，主要内容为：
Level 1. 反应评估（Reaction）：评估被培训者的满意程度；
Level 2. 学习评估（Learning）：测定被培训者的学习获得程度；
Level 3. 行为评估（Behavior）：考察被培训者的知识运用程度；
Level 4. 成果评估（Result）：计算培训创造的经济效益。
每个阶段的具体解读如下：
阶段一：学习反应。
在培训结束时，向学员发放满意度调查表，征求学员对培训的反应和感受。问题主要包括：对讲师培训技巧的反应、对课程内容设计的反应、对教材挑选及内容质量的反应、对课程组织的反应、是否在将来的工作中能够用到所培训的知识和技能。

学员最明了他们完成工作所需要的是什么，如果学员对课程的反应是消极的，就应该通过分析区分是课程开发设计的问题还是实施带来的问题。这一阶段的评估还未涉及培训的效果，学员是否能将学到的知识技能应用到工作中去还不能确定，但这一阶段的评估是必要的。培训参加者的兴趣、受到的激励、对培训的关注对任何培训项目都是重要的。同时，在对培训进行积极的回顾与评价时，学员能够更好地总结他们所学习的内容。

阶段二：学习的效果。

确定学员在培训结束时，是否在知识、技能、态度等方面得到了提高，实际上要回答一个问题："参加者学到东西了吗？"这一阶段的评估要求通过对学员参加培训前和培训结束后知识技能测试的结果进行比较，以了解他们是否学习到新的东西。同时也是对培训设计中设定的培训目标进行核对。这一评估的结果也可体现出讲师的工作是否是有效的。但此时，我们仍无法确定参加培训的人员是否能将他们学到的知识与技能应用到工作中去。

阶段三：行为改变。

这一阶段的评估要确定培训参加者在多大程度上通过培训而发生行为上的改进。可以通过对参加者进行正式的测评或非正式的方式如观察来进行。总之，要回答一个问题："参加者在工作中使用了他们所学到的知识、技能和态度了吗？"尽管，这一阶段的评估数据较难获得，但意义重大。只有培训参与者真正将所学的东西应用到工作中，才达到了培训的目的。只有这样，才能为开展新的培训打下基础。需要注意的是，因这一阶段的评估只有在学员回到工作中去时才能实施，这一评估一般要求与参与者一同工作的人员如督导人员等参加。

阶段四：产生的效果。

这一阶段的评估要考察的不再是受训者的情况，而是从部门和组织的大范围内，了解因培训而带来的组织上的改变效果，即要回答："培训为企业带来了什么影响？"这种影响可能是经济上的，也可能是精神上的。例如，产品质量得到了强化，生产效率得到了提高，客户投诉减少等。这一阶段评估的费用和时间及难度都是最大的，但对企业的意义也是最重要的。

以上培训评估的四个层次，实施从易到难，费用从低到高。一般最常用的方法是阶段一，而最有用的数据是培训对组织的影响。是否评估，评估到第几个阶段，应根据培训的重要性决定。

12.2 柯氏评估的方法应用

在运用柯氏四级评估模型进行培训效果评估时，针对不同的培训评估层级，可以采用不同的评估方法。（如表 12-1 所示）

表 12-1 柯氏四级评估层次的评估内容与适用方法

评估层次	评估方法	评估时间	参与人员	优缺点	使用范围
一级评估	（1）观察法 （2）访谈法 （3）问卷调查法 （4）电话调查法 （5）综合座谈法	培训进行时、培训结束时	学员	优点：简单易行； 缺点：主观性强，容易以偏概全，即很容易因为学员的个人喜好而影响评估结果	所有培训
二级评估	（1）学员演讲 （2）提问法 （3）笔试法 （4）口试法 （5）角色扮演 （6）写作心得报告	培训进行时、培训结束时	学员	优点：给学员和讲师一定压力，使之更好地学习和完成培训； 缺点：依赖于测试方法的可信度和测试难度	知识类培训
三级评估	（1）问卷调查 （2）行为观察 （3）绩效评估 （4）任务项目法 （5）360度评估 （6）管理能力评鉴	培训结束三个月或半年后	学员 学员上级 学员下级 学员同级	优点：可直接反映培训的效果，使企业高层和主管看到培训效果后更支持培训； 缺点：实施有难度，要花费很多时间和精力，难以剔除不相干因素干扰	技能类培训 领导力培训

续表

评估层次	评估方法	评估时间	参与人员	优缺点	使用范围
四级评估	（1）生产率 （2）离职率 （3）客户市场调查 （4）成本效益分析 （5）360度满意度调查 （6）个人与组织绩效指标	半年或一两年后员工以及企业的绩效评估	学员 学员上级 其他	优点：量化翔实、令人信服的数据不仅可以消除企业高层对培训投资的疑虑，而且可以指导培训课程计划，把培训费用用到最能为企业创造经济效益的课程中； 缺点：耗时长，经验少，目前评估技术不完善，简单的数字对比意义不大，必须分辨哪些结果是与培训有关且有多大关联	以业绩结果为导向的大型培训项目

12.3　培训评估工具的开发

　　培训效果的评估是寻找培训中的不足，对培训进行深入分析和不断改进的过程，以逐步提高企业员工培训的质量和效果，促进企业培训与开发目标的最终实现。培训评估的流程共 10 个环节，本章聚焦于四级评估工具的开发，流程如下：

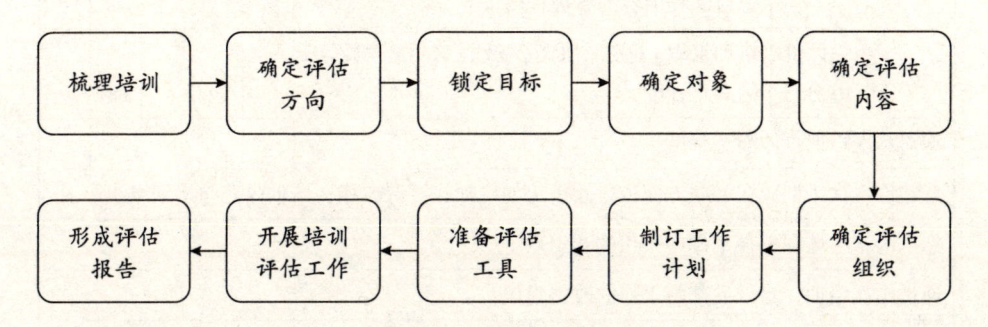

梳理培训 → 确定评估方向 → 锁定目标 → 确定对象 → 确定评估内容 → 确定评估组织 → 制订工作计划 → 准备评估工具 → 开展培训评估工作 → 形成评估报告

图 12-1　培训评估流程

12.3.1 一级评估工具开发

学员反应层面的评估往往通过满意度问卷调查的形式进行。问卷调查是指通过预先设计的调查问卷收集培训需要的信息的调查方法。问卷调查收集到的数据应尽量客观真实，问卷设计的主要内容如表 12-2 所示：

表 12-2 一级评估调查问卷

请您在参加此项培训后认真实际地对下述内容做出客观公正的评价，并在相应的位置上画"√"。分值依次为：很好—10分，好—8分，一般—6分，较差—4分，差—2分。							
培训项目				培训时间			
序号	分 类	调查项目	分　值			
^	^	^	10	8	6	4	2
1	讲师评价 60分	培训内容是否合理、实用					
2	^	培训内容对实际工作的指导作用					
3	^	组织教学的逻辑性、生动性					
4	^	教师与学员的沟通、交流程度					
5	^	实例讲解分析是否有适用性、可操作性					
6	^	培训方式的灵活性（讨论、操作、演示等）					
7	学员评价 30分	您参与此次培训的积极程度					
8	^	在您看来其他学员参与此次培训的积极程度					
9	^	您对课程内容的掌握程度					
10	组织评价 10分	培训组织（通知、协调、场地、教材、教具等）的满意程度					
您对本次培训总体满意程度：							
您建议本次培训应在哪些方面进行改进（如讲师、授课方式、培训内容与培训组织等）：							
您认为本次培训拟在工作中采用的知识点：							
通过本次培训，对日后部门工作的改善建议：							
请您为本次培训留下一两句话：							

12.3.2 二级评估工具开发

二级评估主要针对学员的知识、技能、态度、信心、承诺进行评价。知识和技能的掌握程度可以通过考试的方式进行考察。(如表 12-3 所示)

表 12-3　考题开发流程管理

序 号	流 程	关注点
1	考试目的	1. 为什么需要这个考试 2. 考试的需求是如何确定的 3. 该考试是由谁发起或赞助支持的,他们为什么要发起
2	分析工作	1. 哪些工作／工作职责／工作任务经过分析了 2. 如果分析的只是某个工作职责,那么经过分析的工作职责是否属于某个工作的一部分 3. 这些工作的各组成部分之间是怎么样的一个层次关系 4. 把有关分析过程和结果的信息进行归档管理 5. 工作分析是由谁完成的
3	确定目标的内容效度	1. 考试目标是基于哪些工作任务来的 2. 在哪个或者哪些课程中涵盖了这些考试目标 3. 参与考试目标的内容效度确认的业务专家的姓名、头衔是什么,有怎么样的信誉度 4. 考试目标的内容效度检验工具是什么时间编写的 5. 把所开发的考题工具进行归档管理
4	开发认知类考题	1. 考试题目是针对哪个工作、哪些考试目标而开发的 2. 该考试是为了针对哪门课程进行考核的 3. 谁编写的考题 4. 编写考题工具的人是什么职务,有什么样的信誉度 5. 考题是什么时候编写的 6. 把所开发的考题进行归档

续表

序号	流程	关注点
5	确定考题的内容效度	1. 考试题目是针对哪个工作、哪些考试目标而开发的 2. 该考试是针对哪门课程进行考核的 3. 谁参与确定的考题内容效度 4. 确认考题工具的内容效度的人是什么头衔 5. 考试的内容效度是什么时候确定的 6. 把内容效度确认表格进行归档管理，该表格记录了业务专家确认考题及考试目标与工作本身是匹配的
6	实施考题验证	1. 考题验证是什么时间进行的 2. 考题验证是在什么地点进行的 3. 考题验证是由谁组织进行的 4. 样本考生是谁 5. 样本考生是怎样确定的 6. 考题验证的流程是什么 7. 根据考题验证的结果，对考题做了哪些调整和改变
7	分析考题	1. 哪些考生的考试数据被用作考题分析了 2. 这些样本考生有什么样的特点 3. 用作考题分析的数据是何时收集的，谁收集的，在哪里收集的 4. 做考题分析的时候，采用的是什么分析软件 5. 考题分析的结果是什么 6. 根据考题分析的结果，做了哪些调整和更改 7. 将考题分析的相关信息打印出来，做一份文档记录进行存储管理
8	开发考题复本及题库	1. 考题复本及题库是针对哪些考试目标而开发的 2. 开发了多少份考试复本，何时开发的 3. 关于开发考题复本的份数的决定，决策依据是什么，是谁做的决定 4. 题库的大小和数量如何 5. 开始题目是如何从题库中选择的 6. 考题复本的开发流程如何 7. 考题复本的等效信度是什么

续表

序号	流程	关注点
9	确定达标线	1. 考题是如何判分的 2. 考试的达标线是多少 3. 达标线确定的流程和步骤是怎么样的 4. 归档和记录
10	确认认知类考题的考核工具信度	1. 为了确定考题及评分者信度，采用了什么样的流程 2. 极端信度所需要的数据是何时收集的 3. 考题及评分者信度是什么 4. 将所有与信度系数的计算有关的数据进行记录归档

12.3.3 三级评估工具开发

要想成为一个强大的绩效改进团队的一员，成为完成企业使命的突出贡献者，实施第三级评估是关键一环。

1. 访谈法

访谈法是指访谈者根据与受访人面对面的交谈，从受访人的表述汇总发现问题，进而判断出培训效果的调查方法。

（1）设计访谈提纲时的注意点

①确定访谈目的

②明确定义访谈目标

③确定访谈内容框架

④根据访谈目标确定："研究问题/研究假设"

⑤设计访谈问卷

（2）在实施访谈的过程中应注意的技巧

①取得信任

②获得价值认同

③营造舒适的谈话氛围

④把控谈话方向与节奏

⑤保持中立

表 12-4　关键事件访谈表

1. 您从培训课程中学到了哪些知识和技能？ 2. 请列举 3—5 件由于应用了这些知识和技能，从而在工作汇总方面取得突出表现的关键事件或成果。 3. 为了取得这些优异的工作表现，您采取了哪些行为（关键性的）？ 4. 这些关键时间或工作成果对于您的公司/部门工作目标的实现产生了什么样的影响？ 5. 哪些方面的工作还需要进一步改进？ 6. 什么原因导致您在工作中的这些方面表现得还不够好？ 7. 为了进一步改进工作，您打算采取什么样的行动？

2. 在岗观察

在运用在岗观察法时应该注意以下几点：

（1）观察者必须对要进行观察的员工所进行的工作有深刻的了解，明确其行为标准，否则无法进行有效观察。

（2）进行现场观察不能干扰被观察者的正常工作，应注意隐蔽。

（3）观察法的适用范围有限，一般适用于易被直接观察和了解的工作，不适用于技术要求较高的复杂性工作。

（4）必要时，可请陌生人进行观察，如请人扮演顾客观察终端销售人员的行为表现是否符合标准或处于何种状态。（如表 12-5 所示）

表 12-5　在岗观察表

姓名： 评估目标： 评估日期：			
需要观察的技能	观察到的实际情况	操作是否正确	意见／建议
技能 1：			
技能 2：			
技能 3：			
……			
评估人签字： 日期：			

12.3.4　四级评估工具开发

四级效果的评估，即判断培训是否能给企业的经营成果带来具体而直接的贡献，这一层次的评估上升到了组织的高度。效果层评估可以通过一系列指标来衡量，如事故率、生产率、员工离职率、次品率、员工士气以及客户满意度等。通过对这些指标的分析，管理层能够了解培训所带来的收益。

由于四级评估指标的特殊性，不是任何培训项目都需要做四级评估，所以，为了最大效率利用有限的精力，首先应该鉴别是否需要做四级评估。具体方式参照表 12-6。

表 12-6　判断是否需要进行四级评估

标　准	需要考虑的方面
周期长的项目	培训课程将被使用多少时间？持续的时间越长，就越需要进行第四级评估
核心项目	该课程对满足公司的目标有多重要？该课程是战略举措的一部分吗？如果是，或许要考虑第四级评估
与业务关联度高的项目	该课程的培训目标中是否说明了哪些措施将被实施，以及业务指标将发生什么样的变化？是否想把业务指标、培训目标和评估方法保持一致

续表

标　准	需要考虑的方面
投入大的项目	课程设计、开发和实施的成本越高，就越需要第四级评估
高层期望高的项目	该课程对高级管理层的可见性如何？可见性越高，就越可能是一个进行四级评估的好的候选项目。如果高层管理人员要求了解所进行培训结果的相关信息，必须作出回应
指标数据容易考核的项目	业务指标最近是否得到追踪，培训课程和业务指标之间的关联的直接程度，联系越直接就越需要进行第四级评估
已经进行了第一级、第二级和第三级评估	第一级评估、第二级评估、第三级评估是否做完？如果没有，需要对培训课程进行一个全面的评估

第十三章
培训评估实施流程

科学的培训评估对于了解培训投入产出的效果、界定培训对组织的贡献、验证员工培训所做出的成绩非常重要。目前企业培训存在的最大问题是：无法保证有限的培训投入达到理想的培训效果。

遵循已制订的培训评估流程是顺利有效进行培训评估活动的关键，一般说来，有效的培训评估应该包括以下几个基本步骤。

13.1 评估前期准备

13.1.1 确定评估目的

在培训项目实施之前，培训管理者就必须把培训评估的目的明确下来。例如，培训材料是否体现企业的价值观念，培训师能否完整地将知识和信息传递给受训人员等。其中很重要的一点是，培训评估的目的将影响数据收集的方法和所要收集的数据类型。

13.1.2 选定评估内容

因为培训评估需要一定的人力和物力投入，因此，不是所有的培训项目都要进行评估。建议培训评估主要针对下列情况进行：

1. 新开发的课程，应着重于培训需求、课程设计、应用效果等方面。
2. 新教员的课程，应着重于教学方法、质量等综合能力方面。
3. 新的培训方式，应着重于课程组织、教材、课程设计、应用效果等方面。

4. 外请的机构，应着重于课程设计、成本核算、应用效果等方面。

5. 出现问题和投诉的培训，针对投诉的问题，选定评估对象，才可以有效地针对这些具体的评估对象开发有效的问卷、考试题、访谈提纲等。

13.1.3　选择评估方法

按照培训评估的内容、评估的对象特点，有针对性地选择培训评估的方法。

13.1.4　培训前的准备

培训主管要做到充分有效地开展培训评估活动，最好能够对受训部门和受训员工组织好培训前准备工作，如参加培训前让申请者写出一个简单的培训目标期望，培训中如何积极与讲师和其他学员主动交流；参加培训后如何将学到的东西应用到实际工作中，将收获与相关同事分享等。这样，不但能够剔除一些不切实际的培训内容，而且也能较大程度地保证培训的质量，从而让培训工作为企业创造更多的价值，也能够让培训评估工作有效地开展。

13.2　评估计划制订

在进行评估前，培训主管应该全面筹划评估活动，制订培训效果评估的工作计划。一般来说，在制订培训评估工作计划时应综合考虑下面几个因素：

1. 从时间和工作负荷量上、价值上考虑是否值得进行评估？
2. 评估的目的是什么？
3. 重点对培训的哪些方面进行评估？
4. 谁将主持和参与评估？
5. 如何获得、收集、分析评估的数据和意见？

6. 以什么方式呈报评估结果？

评估数据影响着评估的相关性和可信度，因此务必确保收集数据的方式与评估的内容一致，一份评估计划就像评估者与组织签订的合同，是整个评估过程中的指导手册。

例如，学习出资人也许想看到行为的改变能促进某项目的成功，但是，行为的改变有很多种方式可以记录。自我报告足够吗？是否需要主管的确认？需要第三方来观察吗？

同样地，也许出资人想要了解学习对财务的影响。那么，分析报告够严谨吗？该分析必须由财务部门来做吗？这些问题的"正确"答案是视情况而定的，要考虑资源的可利用性和受众的可接受度。

有五种可以收集的数据类型：业务指标、行为观察、预测数据、反馈意见和企业故事。如果能够清楚地知道需要衡量的结果属于哪一类，那么就可以采用相应的收集方式。（见表13-1）

表13-1 收集数据的五种类型

数据类型	示 例	收集方式
业务指标	销售数据 生产数据 质量指标 停工损失 营业额	从运营系统中获得 如果没有现成数据，可以增加跟踪系统
行为观察	合理的流程 电话礼仪 销售技巧 教练技巧 人际交流技巧	对观察者进行调研 直接观察（公开/隐蔽） 录像 演示/角色扮演 自我评估
预测数据	节约的时间 应用次数 财务效益	调研 访谈

续表

数据类型	示　例	收集方式
反馈意见	服务质量 领导效能 演示水平 改善程度 项目价值	调研 访谈 焦点小组 学习转化管理系统
企业故事	成功故事 关键事件 案例	调研 访谈 学习转化管理系统

13.2.1　业务指标

业务指标指企业日常商务运营中收集的有关经营的数据，包括与销售有关的数据（业务项目数和销售额）、出错率或废品成本、生产成本、前置时间、缺货成本、预测正确性等，实际上，大多数公司拥有的数据比实际上使用的数据多得多。

13.2.2　行为观察

如果一个培训项目期望达成的结果是员工的工作行为发生了变化，或者行为变化是培训评估中的关键指标，那么，观察是一种较为可信的评估方式。从观察的严谨程度来说，可以分为高、中、低三种不同程度的层级，如自我观察属低层级观察，而专业的观察者根据观察填写任务清单则属于高层级观察。在大部分情况下，中等程度的观察就足够了，如向经理、同事或者下属询问学员的具体行为变化，并使用各种表格做记录，标明得分、评分标准或其他能够说明具体行为变化的案例。

13.2.3 预测数据

预测经常用在商业计划的制订中，如"你认为需要多少时间才能完成"或"下季度的销售额你预计有多少"。在培训评估中，我们有时也会使用预测，如"你利用培训所学知识的次数有多少"或"你认为它的价值有多少"。

13.2.4 反馈意见

个人意见或是观点应该是可信度最低的培训评估数据来源了。但是，有时个人意见也可以称为最可靠、最关键的结果衡量指标。人们是根据自己对产品价值的判断来决定是否购买的，因此，客户意见是他们是否愿意再次使用你的服务或是向他人推荐的关键指标。通常可以通过调查或是访谈的方式收集数据，按照若干等级进行评分。

13.2.5 企业故事

学员参加培训后回到工作场所，在学习转化的过程中，他们会经历很多难忘的故事。因此，将他们在学习转化或应用过程中发生的故事通过叙述的方式讲出来，也是一种评价的方式。在某种程度上，故事带给人的力量是巨大的，在商业环境中，精彩、有教育意义、激励人的故事所产生的影响力得到越来越多人的认同。

13.3 评估组织实施

一旦设计好评估计划，经过检查和审核，就可以开始执行了，按照培训评估的计划开展评估活动，如发放问卷、进行访谈等。如果使用的是新设计的问卷或新的数据收集系统，在正式使用前，应先进行测试。这可以确保问卷是可以理解的，并能准确记录答案。如果采用访谈的方式，就必须采取预防措施，以保证其连贯和公平。另外，汇总数据时可以周期性地监控新信息，确保足够高的反馈率以及整个系统都是在运转的。

13.4 评估报告撰写

培训主管在收集完数据之后，就可以开始分析项目是否达到预期效果。分析收集到的数据，结合学员的结业考核成绩，对此次培训项目给出最终的评估报告。为了让报告清晰易懂，具有可靠性并富有感染力，应使用企业管理者熟悉的术语和概念，避免使用他们不了解的术语。同时，使用统计方法时要注意，绝大多数的评估都需要一定程度的统计学分析，用以说明结果不仅仅是随机产生的。但是，不同管理者对统计学知识的了解是不同的，不要试图炫耀复杂的分析，除非这些分析是必需的。如果分析本身要求特殊的或晦涩的方法，请简单地解释它们，并告知使用该方法的合理依据。另外报告必须阐述明确的优缺点，需提出改善的方案，否则报告就没有价值。评估报告撰写模板如表13-2所示。

表 13-2 评估报告撰写模板

项 目	一级目录	二级目录
1	课程实施背景（含课前调研报告）	（1）培训项目说明 （2）培训前期调研报告
2	学员反馈信息的收集与分析方法	/
3	学员对课程及讲师的评价	（1）课程内容 （2）讲师表现 （3）服务工作
4	学员的收获及建议（摘自学员）	/
5	结论与建议	/
6	学员点评	/
7	学员合格率	/

13.5 评估结果应用

评估结果主要应用在以下几方面：

一是增加受训人员。此项目培训对他来说有什么样的体会和收获。这些收获对当前和今后的工作甚至生活有哪些益处，将决定他今后参加培训的热情。

二是分析反馈。将此报告反馈受训人员的部分领导，告知他员工在此次培训中学到了什么，收获了什么，对现在和将来的工作有什么帮助，以此获得领导的认可和支持。

三是将评估报告以报道的形式在报纸上宣传，引起各级领导和员工的共鸣。

四是培训管理者的自我应用，这是其中最重要的一点。通过分析、评估报告，找出好的方面予以保持，需改进的方面要及时改进纠正，不断改进方法手段，持续提升培训的效果。

13.6 效果评估难点

培训评估是依据组织目标和需求，运用科学的理论、方法和程序从培训项目中收集数据从而确定培训的价值、质量的过程。培训评估作为培训总体流程中的主流程之一，既是培训管理的重点工作，也是培训管理系统中最容易被忽视的一个环节。培训评估不仅仅要在培训结束时进行，更应该贯穿整个培训过程，甚至应该延伸到培训结束后的若干时期。培训项目设计是否合理？培训效果如何？企业的核心竞争力有无提升？用什么方法测量培训带给受训者和企业的变化？如何克服这些与培训评估相关联的工作难点，建立科学的培训评估系统，是企业员工培训体系建设的关键。

第十四章
培训工作总结报告

14.1　培训工作总结意义

为了使培训业务不断突破与创新，使培训管理者实现经验的积累和能力的提升，当某一个培训项目完结后，应对该培训项目进行全面、系统的总结回顾，并对该项目开展中的经验提炼总结，对项目开展中存在的问题加以剖析，制订有效的解决方案并形成培训工作总结。对培训项目进行系统的总结分析，有助于找出该项目的成功经验和改善点以及下一步调整方向。

14.2　培训工作总结分类

培训总结的形式多种多样，可以按照培训时间周期、项目数量、学员类型等进行分类。

14.2.1　按照培训时间周期分类

根据培训项目周期的长短，我们可以将培训总结分为每日总结、周度总结、月度总结、季度总结和年度总结。

14.2.2　按照培训项目数量分类

根据培训项目数量，我们可以将培训总结分为单一性培训项目总结和综合性培训项目总结。

单一性培训项目是指仅对某一门课程独立开展的培训,培训形式以课堂讲授为主,培训内容一般为通用能力的单独授课,培训对象面向公司所有员工。针对类似的培训,可以用简单的表格形式进行总结,使培训结果一目了然。具体的评价总结维度见表 14-1:

表 14-1　单一性培训项目总结报告模板

培训承办部门			培训组织部门	
课程名称			受训人姓名	
培训日期			培训师	
调查项目	调查项目		调查结果	
	课程内容是否满足培训需求		□良好　□一般　□较差	
	讲师水平(专业知识和技巧)		□良好　□一般　□较差	
	学员参与的程度		□良好　□一般　□较差	
	培训组织情况(场地和课堂等)		□良好　□一般　□较差	
	……		□良好　□一般　□较差	
培训收获				
培训不足及改善建议				

综合性培训项目是指围绕某一主题,采用多种培训方法进行的综合类培训项目,项目周期一般较长,培训课程较多,投入的财力与物力较多,影响较为深远。

14.2.3　按照参训学员类型分类

以管理者培训项目为例,管理者的培训可以分为基层领导力培训、中层领导力培训及高层领导力培训,对应地,培训总结也分为基层领导力培训总结、中层领导力培训总结及高层领导力培训总结。

14.3 撰写培训工作总结报告

撰写培训总结报告的流程如下：收集并整理培训材料—培训项目的分维度评价—撰写培训工作总结—培训项目的复盘—编写培训项目总结报告。

14.3.1 收集整理培训材料

一个培训项目的材料可以从学员、讲师、班级管理者三个维度收集，这些材料是分析培训项目、进行项目总结的基础，培训管理者可以将培训材料电子化，方便进行数据分析。（如表14-2所示）

表14-2 培训总结材料收集目录

序 号	对 象	培训材料	备 注
1	学员	线上学习成绩	
2		签到表	
3		现场得分表	
4		考试成绩	
5		课后作业	
6	讲师	培训效果评估表	
7	班级管理者	培训效果评估表	
8		培训费用使用表	

14.3.2 培训项目评价维度

1. 学员学习评价

（1）在线学习完成情况

此阶段是反映学员的自觉性培训度。通过线上学习成绩评分，用图表形

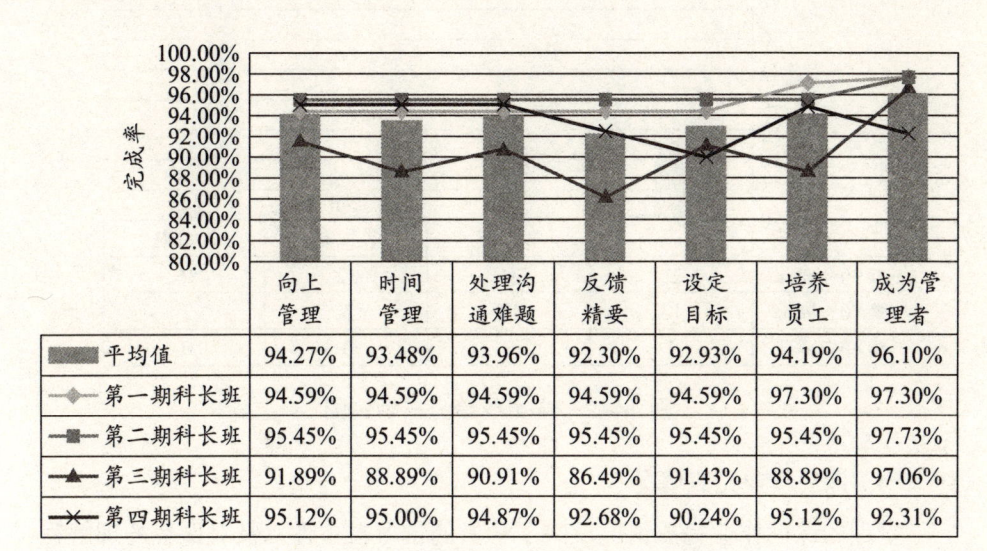

式直观反映学员该阶段完成率。(如图14-1所示)

	向上管理	时间管理	处理沟通难题	反馈精要	设定目标	培养员工	成为管理者
平均值	94.27%	93.48%	93.96%	92.30%	92.93%	94.19%	96.10%
第一期科长班	94.59%	94.59%	94.59%	94.59%	94.59%	97.30%	97.30%
第二期科长班	95.45%	95.45%	95.45%	95.45%	95.45%	95.45%	97.73%
第三期科长班	91.89%	88.89%	90.91%	86.49%	91.43%	88.89%	97.06%
第四期科长班	95.12%	95.00%	94.87%	92.68%	90.24%	95.12%	92.31%

图14-1 学员在线学习完成率示例图

(2)面授出勤情况

学员出勤情况是培训管理工作的重要指标,反映学员的认知态度、积极性和单位领导的支持程度,因此可以将学员的出勤情况以表格的形式汇总评价。(如表14-3所示)

表14-3 学员培训出勤情况

班次	培训日期	应出勤人数	实到人数	请假人数	出勤率	主要请假原因

(3)各期次结项考试成绩

对培训项目设置的结项考试环节,以图表的方式呈现学员考试成绩。

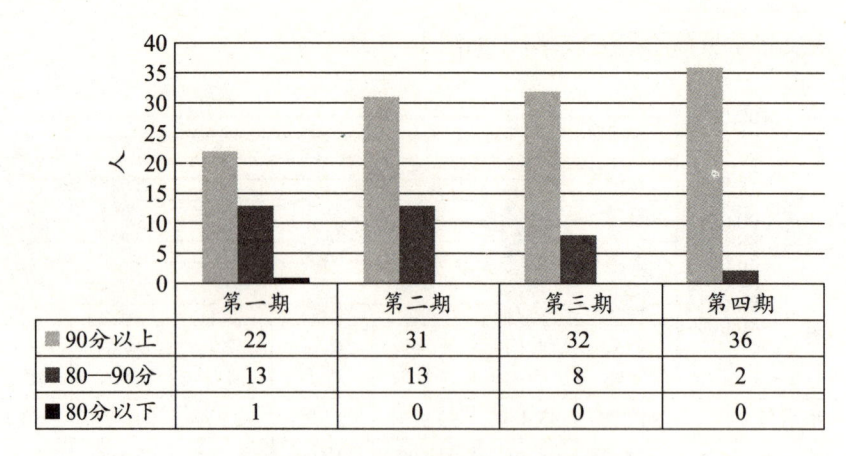

	第一期	第二期	第三期	第四期
90分以上	22	31	32	36
80—90分	13	13	8	2
80分以下	1	0	0	0

图 14-2　学员成绩分布示例图

（4）课后作业完成情况

培训的课后作业完成情况反映了学员的学习自主性以及对课程的理解程度，培训管理者一定要在规定的时间内收集课后作业，并对完成情况进行评价，录入学员档案，如表 14-4 所示。

表 14-4　学员作业完成情况明细表

班　　次	姓　　名	作业名称	提交日期	评　　分

2. 课程及讲师评价

（1）培训课程总结

将课程评估结果传达给培训讲师，可以帮助讲师不断优化培训课件，改善教学方法，提升培训效果。培训组织者可以利用培训效果调查表进行课程效果的调研，课程评估的设计可以从以下四个方面入手：

①内容：符合项目设计的学习目标及学员需求，有理论，有实践案例；

②结构：框架逻辑清晰；

③授课：因"课"而异、因"人"而教；

④布局：清晰流畅。

培训课程评价统计可参见图14-3。

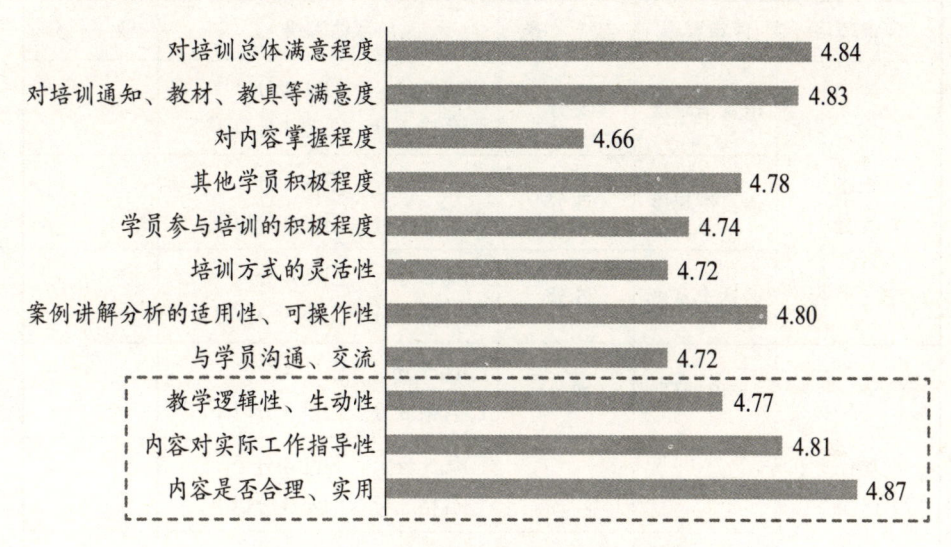

评价项目	分数
对培训总体满意程度	4.84
对培训通知、教材、教具等满意度	4.83
对内容掌握程度	4.66
其他学员积极程度	4.78
学员参与培训的积极程度	4.74
培训方式的灵活性	4.72
案例讲解分析的适用性、可操作性	4.80
与学员沟通、交流	4.72
教学逻辑性、生动性	4.77
内容对实际工作指导性	4.81
内容是否合理、实用	4.87

图14-3 培训课程评价统计示例图

（2）培训讲师的评价

培训项目实施中，企业可能会用外部讲师，也可能用内部讲师，不同来源的讲师适用于不同的授课对象及培训项目，在项目结束后，应当对讲师的授课能力、授课方式及匹配程度进行评估。（如表14-5所示）

表14-5 讲师评估表

培训项目		讲师姓名		课　　程	
评审项目	评审要素	权　重	评估等级		评　分
形象 （20分）	服装仪表	5分	□优5分　□良4分 □合格3分　□差3分以下		
	行为举止	5分	□优5分　□良4分 □合格3分　□差3分以下		
	热情度	5分	□优5分　□良4分 □合格3分　□差3分以下		
	自信度	5分	□优5分　□良4分 □合格3分　□差3分以下		

续表

评审项目	评审要素	权　重	评估等级	评　分
表达 （15分）	语音清晰度	5分	□优 5 分　□良 4 分 □合格 3 分　□差 3 分以下	
	语言逻辑度	5分	□优 5 分　□良 4 分 □合格 3 分　□差 3 分以下	
	表达丰富度	5分	□优 5 分　□良 4 分 □合格 3 分　□差 3 分以下	
场控 （15分）	异议处理	5分	□优 5 分　□良 4 分 □合格 3 分　□差 3 分以下	
	现场控制	5分	□优 5 分　□良 4 分 □合格 3 分　□差 3 分以下	
	时间掌控	5分	□优 5 分　□良 4 分 □合格 3 分　□差 3 分以下	
内容 （50分）	内容适用性	10分	□优 9—10 分　□良 8—9 分 □合格 6—8 分　□差 6 分以下	
	结构化程度	10分	□优 9—10 分　□良 8—9 分 □合格 6—8 分　□差 6 分以下	
	答疑能力	10分	□优 9—10 分　□良 8—9 分 □合格 6—8 分　□差 6 分以下	
	教学手法	10分	□优 9—10 分　□良 8—9 分 □合格 6—8 分　□差 6 分以下	
	PPT 专业性	10分	□优 9—10 分　□良 8—9 分 □合格 6—8 分　□差 6 分以下	
综合评估	优点			
	需改进			

3. 组织管理评价

培训的实施过程包括诸多环节，如培训时间的确定、培训场所的选择、培训课程的设置、培训讲师的挑选、培训方法的选择、培训设备的准备、培训纪律的规范等。培训效果好坏直接取决于培训实施过程中对每个环节的控制程度。根据培训准备资源的性质，在对培训组织管理进行总结时可以分为硬件保障情况和组织管理情况。在总结过程中，把组织管理中出现问题的地方找出来，为后期的培训组织提供经验和借鉴。

4. 培训费用使用情况评价

项目结束后，应对培训项目费用使用情况总结汇报。特别是对于超出预算费用的项目，要加以分析说明，为后期组织培训项目、确定培训预算增加经验。（如表 14-6 所示）

表 14-6　××项目培训费用决算表

序　号	费用名称	预算费用	决算费用	费用差异说明
1	讲课费			
2	资料费			
3	交通费			
4	住宿费			
5	餐费			
6	教室租赁费			
7	其他			
	合计			
	人均费用			

14.3.3　撰写培训工作总结

1. 培训项目介绍

培训项目介绍可以从三大部分切入：整体项目介绍、培训内容设计及日程安排。培训管理者可以用一张图描述培训项目的课程内容设计、时间规划及项目成果。（如图 14-4 所示）

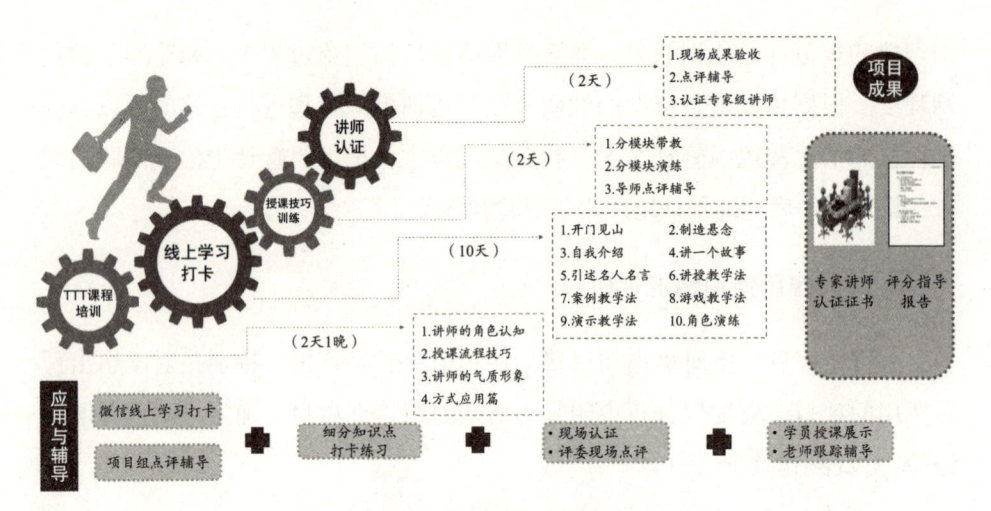

图 14-4　培训项目介绍

2. 培训项目评价

可参考表 14-7 对项目进行评价。

表 14-7　培训项目评价表

一级指标	二级指标	项目评价（文字描述）	分　值	得　分
1. 培训目标与培训计划	1.1 培训目标		5	
	1.2 培训计划		5	
2. 培训项目课程内容	2.1 课程设置		5	
	2.2 课程师资		5	
3. 培训准备	3.1 培训前准备		5	
	3.2 设施准备		5	
	3.3 服务准备		5	
4. 培训组织	4.1 培训计划执行		5	
	4.2 培训监管		5	
	4.3 后勤保障		5	

续表

一级指标	二级指标	项目评价（文字描述）	分　值	得　分
5. 效果评估	5.1 评估方案		5	
	5.2 学员满意度		5	
	5.3 知识掌握		5	
	5.4 知识应用		5	
6. 预算评估	预算管理		5	
7. 知识库建设	7.1 创新性		10	
	7.2 可持续性		5	
	7.3 经验收集		10	

14.3.4　培训项目如何复盘

在项目总结过程中，要了解整个项目的实施流程，要知道各培训资源之间怎样衔接。在复盘中，培训管理者可以找到项目的问题出处，找到问题出现的原因，并在下一个培训中避免出现同类问题，在总结的过程中才能获取新的知识、找到新的解决措施、推动项目新的发展。对培训项目进行复盘，能很好地锻炼培训管理者分析问题、解决问题的能力。培训项目的复盘应该包括项目亮点、存在问题以及改进建议。

1. 项目亮点

即培训项目创新点和成功点，通过对项目亮点的提炼，总结项目经验，具体可以从以下几个方面挖掘：

- 培训方式与流程
- 学习平台资源
- 流程管理制度
- 培训流程设计
- 培训评估方式
- 项目营销方式

2. 存在问题

无论经过多么充足的准备，一个培训项目在培训实施的各个阶段总会存在一些不足和问题。项目结束后，培训组织者需要跟培训学员、培训讲师及培训学员的领导以及自己的领导沟通，请他们对项目的实施进行评价，虚心听取他们的意见并总结归纳。一般是以下几个方面的问题：

（1）学员参与积极性如何，分析学员积极性不高的原因并创造性地提出解决方案。

（2）课程内容是否有待改进，如何改进？

（3）项目管理方式及流程现在还存在什么缺陷？

（4）项目结束后，培训效果的评估及跟踪如何做？

3. 改进建议

有问题就有解决办法。俗话说，方法总会比问题多。对于项目中存在的问题，需要找出改进方法，这样才能实现从理论到实践，经过实践验证总结后再向更科学的理论进阶。

14.3.5 编写培训总结报告

根据培训项目数据分析和评价，培训工作总结报告可以从以下维度进行编写，呈现形式可以是 Word 版报告或 PPT 报告。（如表 14-8 所示）

表 14-8　××培训工作项目总结报告

××培训工作项目总结报告
一、××培训项目介绍 　　1. 培训项目计划完成情况 　　2. 学员学习完成情况 　　3. 培训组织总体情况 　　4. 项目预算决算情况

续表

二、学员学习评价 　　1. 课程学习完成情况（在线、课堂……） 　　2. 面授出勤情况 　　3. 结业考试成绩 　　4. 学员综合成绩 **三、课程与讲师评价** 　　1. 课程评价 　　2. 讲师评价 **四、组织管理情况** 　　1. 硬件保障情况 　　2. 组织管理情况 **五、项目费用使用情况** 　　1. 费用使用总体情况 　　2. 节超预算使用原因分析 **六、项目总结与评价** 　　1. 项目亮点 　　2. 存在问题 　　3. 改进建议 **七、××培训项目下一步工作思路**

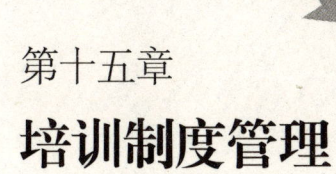

第十五章
培训制度管理

15.1　培训管理制度的重要性

管理制度是对一定的管理机制、管理原则、管理方法以及管理机构设置的规范。培训管理制度是培训业务开展的依据，特别是对培训计划、培训资源、组织管理、效果评估、学员管理等方面的业务规范。一个完整的培训管理制度设计应包括两个方面：一是培训业务工作本身（培训管理程序），如培训需求确定、计划编制、组织实施、效果评估、总结报告、调整预算、供应商管理等；二是涉及与企业规章制度中人力资源方面的管理范畴。培训管理制度可以简化培训管理过程，提供培训管理效率。规范的培训制度是企业培训管理理念和方法的集中体现，是保障企业培训工作有效运行的最有效手段。

15.2　如何设计培训管理制度

15.2.1　培训管理制度设计步骤

企业进行培训制度设计，主要包括制度体系架构设计、培训制度建立、培训制度管理等内容，具体如图 15-1 所示。

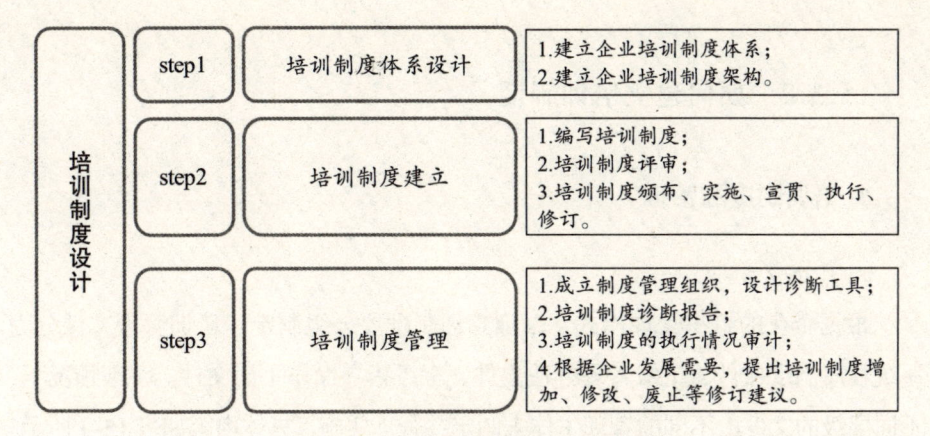

```
培训          step1    培训制度体系设计   1.建立企业培训制度体系；
制                                      2.建立企业培训制度架构。
度
设            step2    培训制度建立       1.编写培训制度；
计                                      2.培训制度评审；
                                        3.培训制度颁布、实施、宣贯、执行、
                                          修订。

              step3    培训制度管理       1.成立制度管理组织，设计诊断工具；
                                        2.培训制度诊断报告；
                                        3.培训制度的执行情况审计；
                                        4.根据企业发展需要，提出培训制度增
                                          加、修改、废止等修订建议。
```

图 15-1　培训制度设计的步骤

15.3　培训管理制度设计流程

15.3.1　培训制度体系架构

要建立整套完备的培训管理制度，首先要建立适合企业的培训制度体系，确保培训制度的有效管理与实施。一个完整的培训体系通常包含以下几部分内容。具体内容如图 15-2 所示。

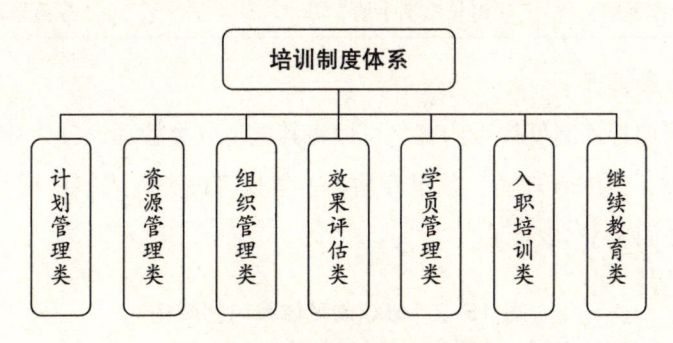

```
                      培训制度体系
    ┌────┬────┬────┬────┬────┬────┬────┐
   计划  资源  组织  效果  学员  入职  继续
   管理  管理  管理  评估  管理  培训  教育
   类    类    类    类    类    类    类
```

图 15-2　培训制度体系架构

15.3.2 如何建立培训制度

1. 培训制度的管理

（1）分级管理

根据企业的组织管理模式，培训管理制度要分级制定。培训管理文件分为一级程序制度文件、二级管理办法文件、三级指导操作手册文件。一般情况下，不同层级的文件由不同的管理主体来制定并管理实施。具体内容如表15-1所示。

表15-1 培训制度分级管理

文件级别	包含制度	作用
一级程序制度文件	《企业培训实施管理程序》	规范培训管理目标和培训流程
二级管理办法文件	《培训需求与计划管理》《培训课程管理》、《培训讲师管理》《员工外培管理》《培训供应商及资源管理》《培训经费管理》《培训项目管理、《培训评估管理》《培训文档管理》《新员工培训管理》《技能培训与鉴定管理》《职业技能竞赛管理》等	规范培训实施管理
三级指导操作手册文件	《班组长培训手册》等	规范培训操作管理

（2）分类管理

根据培训管理制度体系内容，可以将其进行分类管理，分为计划管理类、资源管理类、组织管理类、效果评估类、学员管理类、入职培训类和继续教育类，具体如表15-2所示。

表15-2 培训制度体系内容架构

类别	相关制度
计划管理类	《培训计划管理办法》 《培训项目管理办法》

续表

类　别	相关制度
资源管理类	《教育经费管理办法》 《供应商管理办法》 《培训硬件资源管理办法》 《培训内部讲师管理办法》 《培训课程开发管理办法》
组织管理类	《培训班级管理办法》 《员工外培管理办法》 《线上学习管理办法》
效果评估类	《培训效果评估管理办法》 《培训经费审计管理办法》
学员管理类	《培训考核管理办法》 《员工持证上岗管理办法》 《培训结果应用合规管理办法》
入职培训类	《新员工入职培训管理办法》 《员工上岗认证管理办法》 《新入职大学生培训及实习管理办法》 《员工竞聘上岗管理办法》
继续教育类	《职工素质教育培训管理办法》 《学历管理办法》 《职称管理办法》

2. 培训管理制度建立

（1）培训管理制度编写

培训管理制度的编制应从培训管理的目的入手，运用流程管理的方式——识别培训各项工作职责、流程节点及相关的约束与激励机制，对于资源手段选择、工具方法运用、过程运行控制、培训结果评估等，实施闭环管理。培训制度主要包含的内容如表15-3所示。

表 15-3　培训制度内容

一、文件封面
二、基本信息及修订记录
三、文件正文
1. 目的
2. 适用范围
3. 术语与定义
4. 引用文件
5. 职能职责
6. 管理内容及规定
7. 业务/管理流程
8. 激励考核
9. 附则
10. 附件
11. 文件涉及的记录
四、文件会签意见及处理情况汇总表

（2）培训管理制度发布

培训管理制度文件编写需要符合公司管理体系文件或质量管理体系的要求，编写完成后需要经过公司的相关部门、管理制度使用部门、人力资源相关领导的审核批准后，进行发布。

（3）培训管理制度宣贯

为了保证培训制度的有效贯彻执行，确保企业各级培训管理机构及员工充分了解企业培训工作的各项规章要求，在培训制度颁布后，培训制度的宣传贯彻工作也尤为重要。培训制度的宣传贯彻，不仅是为了确保员工知晓培训制度，也是为了在宣传贯彻时做好培训记录，让员工在阅读记录上签字确认，以保证制度的合法有效性。

（4）培训管理制度备案

①培训管理制度的登记

培训管理制度的登记主要有以下三种情况：一是新文件的登记；二是废止文件的登记；三是试行文件变更登记。

②培训管理制度的清单及备案管理

文件归口管理部门应对已发布的培训管理制度及时备案登记，登记内容应包括文件编号、文件名称、流程图名称、模板名称及编号等信息。同时，对文件的有效状态需要定期更新并发布有效管理制度清单。

15.3.3 培训管理制度建设

1. 培训管理制度审查

在对培训管理制度的审查中，一般包含三个审查要素：一是标准化，审查管理制度的字体格式、结构、行文、术语使用、流程图等是否适用于公司管理制度规范；二是审批流程，审查管理制度审批是否完成、审批节点的控制以及审批职责是否充分发挥；三是文件内容，审查文件体系的完整性、流程的逻辑关系是否顺畅、管理要素是否完整、表格及操作模板是否可操作，即文件内容的适宜性与管理的一致性、完整性、可操作性。

2. 培训管理制度修订

每年对培训管理制度进行评审，对需要修订的制度制订制度修改计划，具体流程包括培训管理制度评估的启动、培训管理制度修订计划的提报与确认、培训管理制度修订计划的实施。

培训管理制度的建设包含新增、修订、调整归口部门、废止、保留。其中，培训管理制度的修订及废止的判定标准如表15-4所示。

表15-4 管理制度的修订及废止的判定标准

评审结论	修　　订	废　　止
评判标准	（1）职能职责调整时； （2）组织机构发生变化时； （3）业务流程发生调整时； （4）经评审，制度的适宜性和充分性不能满足要求时； （5）文件所依据的标准发生换版时； （6）试运行制度期满，经评审认定修订时	（1）管理制度涉及的业务、组织机构、职能等取消或调整； （2）管理制度级别由公司级管理制度调整为下属子公司级管理制度； （3）管理制度与其他管理制度合并、转移； （4）试行制度期满，经评审认定废止

15.3.4 案例：××单位培训管理制度

以××公司培训管理制度为例，进行培训管理制度的顶层设计。

一、一级培训管理制度：《××单位培训管理制度》

××单位培训管理制度

1. 目的

为规范公司培训管理，保证培训教学质量，不断提高员工素质和岗位胜任能力，建立科学、高效的全员文化素质培训体系，满足公司战略发展的人才需求，特制定本程序。

2. 适用范围

本程序适用于公司全体员工的培训。

3. 培训组织与工作权责划分

集团负责组织一级培训，主要职责是：

- 集团培训统一规划、培训体制建设；
- 一级培训年度/月度计划编制、过程管理和结果评估；
- 集团重大课题、先进管理技术的培训组织与实施；
- 对二级培训进行计划管理，提供指导和支持，监督检查培训开展情况并考核。

各事业部和集团职能部门负责组织二级培训，主要职责是：

- 根据集团统一规划和培训重点，结合单位实际情况，制订二级培训年度/月度计划；
- 负责二级培训的组织实施、学员管理、效果评估等；
- 定期向集团人力部门上报培训计划和项目开展情况，并落实公司安排的其他培训。

4. 培训类型

4.1 基础培训：所有新员工入职前必须接受的培训，是为达到岗位技能要求，在员工入职前开展的质量、环境、职业健康安全基本知识以及岗位基本技能素质培训。

4.2 岗前培训：新入职员工除接受基础培训外，还要由人力部门按照人员类别不同分别安排相应岗前培训，以使员工能够胜任本岗位工作。

4.2.1 校园人才：包括入职综合培训、一线实习培训和岗位见习培训。针对新入职大学生开展的综合知识、国家相关法律法规和公司相关政策、岗位培训等，旨在让新员工了解企业文化、发展历程、管理制度和各业务运营模式，增强员工的企业认同感，迅速进入职业化发展。

4.2.2 社会人才：针对新招聘社会人才开展国家相关法律法规及公司相关政策、企业文化、管理流程、相关业务运营模式、各部门机构设置及职责的培训，由人力部门定期统一组织，岗位培训由接收部门制订培训计划，招聘归口部门安排学习和培训。

4.2.3 一线员工（含营销一线）：针对一线作业人员开展的国家相关法律法规及公司相关政策和作业技能的培训，培训合格取得上岗证；针对营销一线人员开展的国家法律法规和公司政策、产品知识、销售技能培训。

4.2.4 一般调入人员入职培训及转岗培训：针对一般调入人员或企业内部转岗人员开展的公司政策、企业文化及岗前业务知识技能的培训。

4.3 在岗培训：为使员工上岗后的技能水平和业务素质不断提高而开展的与岗位需求相关的专业培训，对各级管理者以及对产品质量有影响的人员应按规定时间间隔进行有关质量管理知识和岗位技能的培训、考核，并按规定要求持证上岗。

5. 培训形式

5.1 内部导师制：针对某一培训需求或问题，由内部兼职讲师讲授，在企业内部开展的培训，是企业培训的主要形式。

5.2 外部顾问制：针对某一问题或技术创新，聘请外部专家或教授，对问题或技术关联人员开展的咨询式培训。

5.3 内部咨询小组：企业内部管理人员针对某一课题而开展的专题研讨、沙龙等。

5.4 岗位竞赛：为在国家级、省级或企业内部的各类竞赛取得优异成绩，单位对选拔出的优秀人才进行的竞赛前针对性培训。

5.5　自学：为企业学习型组织建设开展的读书活动等。

5.6　脱岗专业培训班：为培养企业紧缺人才或集中攻克某一项目开办的专业培训班。有较为完整的课程体系、较为固定的学员和一定的学习周期。

5.7　外派学习：公司因发展和经营管理的需要由公司选派人员到公司外进行的由培训机构或知名企业进行的短期脱产培训。

5.8　外部研讨会：参加企业外部机构组织的针对某一课题的研讨会议。

5.9　行业会议：企业各业务单元参加本行业的年会、研讨会、交流会等。

5.10　出国培训：以培训为目的的出国学习。

5.11　学历教育：根据企业人才培养工程，选拔部分优秀员工在全国各大专院校进行的学历教育。

6. 培训内容

6.1　法律法规及标准培训：对相关部门开展的国家相关法律、法规培训及公司政策的培训。以及行业新标准发布时，及时进行的新标准学习推广培训。

6.2　环境和职业健康安全管理培训：由各单位安全管理部门和用人部门对与环境和职业健康安全管理相关的各级管理者和工作人员开展的培训。主要内容包括质量、环境、安全管理体系的相关知识；环境、安全运行的流程及管理规定；环境、安全法律法规基本知识；各岗位所要求的对应质量环境和安全知识技能等。具体内容及组织执行参见相关制度。

6.3　管理技能培训：根据国家政策和公司发展策略，针对各级管理人员开展的管理技能、管理素质提升以及团队建设的培训。

6.4　专业技术培训：针对业务、技术人员的，不断提高其业务素质和技能水平，从而适应岗位需求和业务需求的专业培训。

6.5　外语培训：针对有外语需求的岗位开展的外语培训，以满足岗位需求和国际化人才储备需求。

6.6　质量知识培训：由质量部门和用人部门对与质量相关的各级管理者和工作人员进行质量体系培训。主要内容为相关质量管理知识和岗位技能知识。质量体系审核人员与产品质量管理审核人员须按规定持证上岗。

6.7　特殊工种/岗位：除接受全体员工培训内容外，还应接受以下培训：

①环境和安全保护知识，本职岗位的工作技能培训；

②本岗位在质量、环境、安全方面执行的程序和作业指导书培训；

③紧急情况下的反应、处理方法和防护措施培训；

④国家或行业法规强制性要求的特殊岗位（如电工、电焊工、司炉工、叉车操作工、天车工、机动车辆驾驶、水处理、计量检定、质量环境和安全管理等）应接受国家认可的专业机构培训，并取得特种作业资格证书。

7. 培训的规划

7.1 员工培训应以战略规划和业务发展需要为导向，根据岗位职责和技能要求，从实际出发，强调针对性和实用性，注重实效；并贯彻学以致用，按需施教的原则，对偏离岗位的培训将予以严格控制。

7.2 员工的教育培训按人事管理权限分级负责，主要由人力部门负责和协调。业务、人力和财务等部门将共同负责教育培训经费的预算和控制；人力部门和各部门负责人共同负责员工教育培训的规划和安排。

7.3 培训需求调查：每年第四季度初，集团人力部门组织事业部进行下一年度的培训需求调查。根据公司战略发展要求、各部门业务要求及各岗位人员的能力与现实能力差距分析，通过访谈或问卷等形式分系统分层次对现有员工的培训需求进行抽样调查。

8. 组织实施

8.1 培训计划确定后，责任部门应做好培训的准备工作。内部导师制培训，应根据培训需求与学员情况于培训前完成课件的编写与课前的准备；外部顾问制培训，归口管理部门应于培训前进行培训机构与培训师的甄选，填写《外聘教师资格审定及授课酬金申报表》（见附件四）报集团人力部门同意后方可执行。外派学习，应根据《员工外培进修管理办法》填写相关审批及报告，否则不予报销培训费用。

8.2 各级培训管理员负责培训前的准备工作，包括确定培训课件、下发培训通知、准备培训教学用具、器材与场地等，组织学员签到并维持课堂秩序以及组织培训后的效果评估。

9. 培训评估

9.1 集团人力部门负责公司级培训的培训效果评估，各职能部门或事业部负责本职能部门或事业部组织培训的培训效果评估。

9.2　所有的公司内培训项目结束时，20人以上的培训由受训人的5%填写《员工培训效果调查表》，20人以下的培训所有培训人填写此表，主要用于一级评估——反应评估。

9.3　培训的最终目的在于将培训的知识、技能的转化、传播及应用。学员的直接主管是学员内化的督导的第一责任人。培训结束后，学员应当制定培训内容转化为工作技能的措施，并有责任将培训内容结合公司实际情况持续不断地应用于工作实践，提升工作能力，养成良好工作习惯，进行工作改善并提升个人及公司整体业绩。

9.4　培训成果转化由培训组织部门负责落实。在培训结束后，参训人员应填写《培训内化跟踪表》，此表主要用于第三级评估——行为评估，集团人力部门将定期进行抽查。每次培训抽取5%参训员工直接主管在一个月后使用《培训效果跟踪调查表》就学员培训效果转化情况进行记录，有必要的进行考核，填写完成后应向学员进行反馈并将两表归档。

9.5　培训后的一个季度内，集团人力部门及学员所在部门应检查培训成果转化情况。其中集团人力部门负责公司级培训的学员内化跟踪检查，各部门及事业部负责本单位组织培训的学员内化跟踪检查。

10. 培训资料整理与培训总结

10.1　培训资料整理

培训组织部门在培训项目结束后十日内整理相关培训资料，并于每月5日前将上月培训资料交集团人力部门存档，事业部组织的培训由事业部负责资料整理与管理。

培训材料的整理应达到标准化、科学性、及时性及完整性要求：

标准化：按规定表样格式，采用A4幅面纸，必要时采用A3纸；

科学性：按月份及培训项目分类进行整理规范，易于查找；

及时性：每月5日前完成；

完整性：培训资料应包括《培训班登记表》（见附件八）、《参加培训人员考勤表》（见附件九）、教学大纲或教学材料（文字材料或电子文档）、培训效果调查表、考试试卷或记录及成绩表等证明培训有效性的评估记录。

10.2 培训总结

每月月末各部门兼职培训管理员总结本部门当月二级培训完成情况。培训总结填写《月度培训完成情况总结》，针对培训中存在的问题制定对策措施以不断改进培训效果，每月 5 日前将经本部门领导审批后的总结与培训资料一起交集团人力部门。事业部每月 5 日前将事业部主管领导审批后的上月培训总结交集团人力部门审核备案。

集团人力部门每月 8 日前完成公司培训计划总结，对培训中存在的问题制定对策措施，作为指导今后培训计划的输入信息。

11. 附件

附件一：员工培训管理程序流程图

附件二：月度培训项目计划

附件三：培训项目调整单

附件四：外聘教师资格审定及授课酬金申报表

附件五：员工培训效果调查表

附件六：培训内化跟踪表

附件七：培训效果跟踪调查表

附件八：培训班登记表

附件九：参加培训人员考勤表

附件十：月度培训完成情况总结

附件十一：培训请假条

二、二级培训管理制度:《员工外培进修管理办法》

员工外培进修管理办法

1. 目的

为规范和促进公司培训工作持续、系统地进行，明确员工外培进修的相关管理规定和程序，提高外派培训效果，特制定本办法。

2. 适用范围

本办法适用于公司全体员工。

3. 相关文件

4. 术语

4.1 公司外派培训

公司因发展和经营管理的需要由公司选派人员到公司外进行的由培训机构（培训公司、高等院校）或知名企业进行的脱产培训。外派培训分为国内培训和出国（境）研修，不包括员工参加国内外工作考察、商务会议和学术交流等出差项目。

4.2 学历及继续教育

员工参加全国各类大专院校全国统一招生考试而被录取的专科及以上学历教育或其他培训及教育，学历教育分为公派学历教育及自费学历教育。

5. 工作职责

5.1 公司人力部门是员工外培进修工作的归口管理部门。主要负责员工外培进修政策的制定与修订，外派员工外培进修计划制订、程序审核、培训考评、资料归档与费用管理。

5.2 公司财务部门是公司职能部门员工外培进修学习费用的监督、审核、核算与结算的归口管理部门。

6. 内容和要求

6.1 管理原则

6.1.1 内培优先原则

员工培训应优先选择工作中培训，对公司内不能实施培训又确有需要开展的培训项目可选派骨干员工参加外派培训。

6.1.2 培训课程与岗位业务需求及公司培养方向相对应的原则。

6.1.3 公司外派培训本着先审批，再培训；先计划，再支出的原则，纳入公司年度培训计划统一管理。

6.1.4 公派学历及继续教育本着骨干优先、重点培养、专业对口、严格审批报名的原则，获得国家承认的学历教育证书后才能报销。

6.2 外培审批程序与管理细则

6.2.1 公司外派培训审批流程与管理细则

6.2.1.1 国内短期培训

6.2.1.1.1　费用审批流程

员工外培审批使用附表一:《员工外培审批表》。

6.2.1.1.2　培训后管理与费用报销

员工外培培训费、教材费列支培训费。住宿费交通费等列支差旅费，其他费用一律由学员个人承担。

外培进修人员结业后回公司有义务向同类专业的其他人传授所学知识。培训结束后，填写附表二:《外培心得报告》并将参加培训资料、已经批准的审批表一并交人力部门培训科。

6.2.1.2　国外研修与培训

员工国外研修或脱产培训，属集团批准的计划内项目的，员工外出培训前需到公司人力部门签订外培协议后，方可出国参加培训，否则出国费用财务不予报销。

6.2.2　公派学历与继续教育审批流程与管理细则

6.2.2.1　参加公费学历与继续教育条件

公司人力部门根据公司业务发展需要，每年根据年度考评结果，推荐工作业绩突出、认同公司文化、公司重点培养的员工进行学历教育。参加学历与继续教育员工的条件:

（1）进入公司人才库的后备干部或新任（任期小于1年）的副部长级及以上行政干部；主任师及以上的专业技术序列干部；技师及以上的技能工人及集团认定的其他重要核心岗位员工；

（2）在公司工作至少一年，脱产学历教育原则上年龄不超过40岁；

（3）工作业绩突出，认同公司企业文化，所报专业符合个人及公司发展需要。

6.2.2.2　申报与审批流程

由公司人力部门统一组织次年学历教育与继续教育报名，公派学历教育申报使用附表三:《公司外派学历教育申报表》。

6.2.2.3　培训协议与费用分担原则

6.2.2.3.1　员工外出培训前需按公司规定签订外培进修协议，明确服务期限与违约赔偿责任。员工外培签订培训协议使用附表四:《员工外培协议书》。

6.2.2.3.2　学历教育费用按照公司与个人共同分担的原则，费用管理办法如下：

　　学费：公司外派员工进修学历教育学费（含教材费）由个人先全部垫付。在学习结束后一周之内持录取通知书、课程表与成绩单、毕业证书等学员学籍档案资料到公司人力部门审验；审验合格后备案，登记入个人培训档案，并办理报销签字手续后方可到财务报销。其他费用（如住宿费、交通费）由学员个人承担。

6.2.2.4　公派外培考勤与工资

　　公派学历教育培训期间按原工资、福利水平发放工资，劳保福利待遇不变。培训结束后根据成绩按6.2.3.2条规定进行相关费用报销。培训期间如遇学校放寒、暑假，学员应按规定回公司报到上班。

6.2.3　自费在职外培与学历教育审批与管理流程

　　公司鼓励员工个人利用业余时间自费继续教育。

　　如果长期脱产参加学历教育，需按《劳动合同管理办法》的规定程序与公司解除劳动合同。员工自费外培申请使用附表五：《自费学历教育审批表》。

6.2.4　培训结束的员工信息管理

　　员工培训结束后应到人力部门培训部门将培训资料交回并备案相关证书。人力部门为外出培训员工建立员工培训档案，做好培训费用登记，修订学历和技能等级。员工培训档案使用附表六：《员工培训档案》。

6.2.5　服务期限调整

　　公司外派员工国内培训以公司支付费用为标准调整服务期限，自培训结束之日起计算。

　　若培训结束后剩余服务年限低于上述标准，则调整到协议服务期限标准；若剩余服务年限高于协议标准，则以剩余服务年限为准，服务期限不再调整。

三、三级培训管理制度：《生产组长工作指导手册》

工作性质	工作项目	工作要求	分配时间
日常性工作	晨会	1. 集合时间 2. 会议时间 3. 会议内容	

续表

工作性质	工作项目		工作要求	分配时间
日常性工作	布置生产任务		1. 安排相关人员 2. 分配临时任务 3. 提前准备物料	
	巡线自纠	现场5S检查和整改	1. 确认物料 2. 生产设备拜访 3. 保持生产线无杂物	
		检查员工操作	1. 员工着装要求 2. 员工操作要求 3. 员工使用工具方法	
		检查《作业标准》适用性	员工操作是否与作业标准相符合	
		填写《首件确认记录表》	1. 生产前的确认工作 2. 监督生产工作符合作业标准要求 3. 及时解决生产问题	
		检查设备、工装、工具状态	1. 设备检查 2. 易耗品请购 3. 及时保养设备	
		跟踪产品质量	1. 阅读作业标准，找出质量控制点 2. 及时掌握产品质量状况 3. 及时解决质量问题	
		提出工装需求	1. 提出工装需求的原则 2. 填写工装申请单	
		安全隐患排查	1. 发放上岗证 2. 生产设备防护 3. 特别注意设备保养过程	
		员工纪律检查	1. 员工着装符合规范 2. 工作时间符合员工手册要求 3. 考勤抽查	
	转线		1. 是否符合作业标准 2. 员工相互的配合	
	填写各种报表		1. 填写生产日报 2. 停线提交停线通知单	

续表

工作性质	工作项目		工作要求	分配时间
日常性工作	特殊注意事项		确认各种特殊注意事项	
	员工培训		1. 培训大纲、培训课件 2. 培训记录、培训考评	
	生产前准备	人	提前下发工作计划	
		机	前一天根据生产任务，确认设备、工具、工装状态。保证上线前无问题	
		料	前一天根据生产任务，确认物料仓库已经发料，物料员已经做好分料配料工作	
		法	前一天根据生产任务，确认《作业标准》、生产技术条件、评审，保证可以正确指导生产过程	
		环	前一天根据生产任务，确认生产线可否满足生产任务	
	跟踪订单	结尾前补料	订单结尾前，确认成品大致数量，发现物料不足，安排补料	
		结尾后退料	1. 物料摆放 2. 报废物料数量统计	
		结尾数量统计	1. 数量是否达到计划要求 2. 调查报废原因	
		订单异常延迟	1.生产现场首件不通过、原材料质量问题、工程指导不正确、计划临时更改等情况下，订单不能及时关闭。需要将本单物料单独放置，清点数量，做好标识。2. 如果三天之内可以继续生产的，物品可以留在生产现场。反之，则组织退料。3. 订单异常必须通知计划员、部门经理和相关责任人	
	提出改善建议		定期总结复盘，提出改善建议	
	做员工绩效考核		1. 按照制度，考评员工 2. 调动员工积极性	

第十六章
培训课程开发

课程是公司的知识资产，是经过长期积累、企业独有的知识资产，这种知识资产需要经过统一的规划和管理，将零散的、碎片化的知识转化为系统的课程体系，形成企业内部课程库，作为培训的管理要素内容支撑培训体系。

16.1 课程开发的必要性

知识文化沉淀程度、自培能力水平高低、知识产权拥有数量等方面既是企业培训内涵与能力的体现，又是评价企业培训开展情况的关键指标。而这些指标可以通过课程库培训课件的数量、质量及运用频次等评价要素来衡量。

16.1.1 文化与知识的沉淀

任何一个好的企业，都有自己的文化精髓内涵，都有自己独到的管理体系、丰富的实践。中华五千年的文化是靠什么传下来的？朝代变换，生老病死，不变的是知识可以传承，而传承靠文字书本，靠师傅的言传身教。课程的重要性就在于此。

组织中有相当一部分员工具有丰富的实战经验。若不将其提炼和萃取出来，实现知识共享和传承，人才一旦流失，企业的经验资源也会随之流失。因此，课程开发的意义就是把企业人才身上的最佳实践和技能经验萃取出来，将重要的关键操作要点概括、精练，从特殊中提炼出普遍使用的内容，转化沉淀为企业的知识资产，实现隐性知识显性化，并通过培训将其复制到其他员工身上。

16.1.2 促进员工学习成长

课程开发及应用可以促进员工学习成长。精心设计的课程，基于企业的实际工作场景，经过应用可以使学员把组织的知识内化为自己的知识，转变普通员工的行为，提升工作绩效，成长为优秀员工。

16.1.3 外部知识如何内化

企业要发展，必须引进先进的技术、方法、经验，谁去学、怎么学，一个人学还是大范围学习，这些都非常重要。学习和借鉴标杆企业的经验，但不能完全照搬，只有将其转化出来为自己所用才行。适合的才是最好的，学习引入转化为内部课件并应用可以快速推进企业的发展。因此，企业一般都是先引入转化再普及，即"偷师学艺再自立门户"。也就是说，将外部课程引进来转化为适合本企业需求的培训课程，紧密结合企业的实际情况加以创新。

16.2 六步完成课程开发

课程开发是指培训课程的课件开发、课程讲授、效果评估的全过程设计与实施。

进行课程设计与开发需要做很多工作，课程设计思路不同，开展的步骤也略有差异，但宗旨都是根据学习者的需求开发课程。为了让课程更好地对接业务，AACTP（美国培训认证协会）推行"以业务问题为导向"的课程设计与开发基本流程，分6步来开发课程，在实践中颇有成效。

课程开发的步骤大同小异，主要分为6个步骤进行设计，即明确主题、结构搭建、内容开发、材料编制、成果展示、试讲优化。

16.2.1 明确主题

明确课程主题，需要进行课程分析和课程目标的设定。课题分析的目的，是通过"为学习者定位"，建立内容与学习者之间的连接，建立内容和业务之间的连接，包括业务目标确定、业务问题的分析和课程整体策略与信息的整理。打磨课题可以帮助我们最终确定课程内容的范围、重点和方向。课题分析后，需要考虑并总结一个问题的答案，即"这个课程到底能给学员带来什么收获"。这个答案就是基于课程分析写出来的课程目标，课程目标体现出课程核心价值。

1. 课程分析

课程分析的流程，大概可以分为五步，即明确方向、收集问题、整理问题、分析问题和确定主题。（如图 16-1 所示）

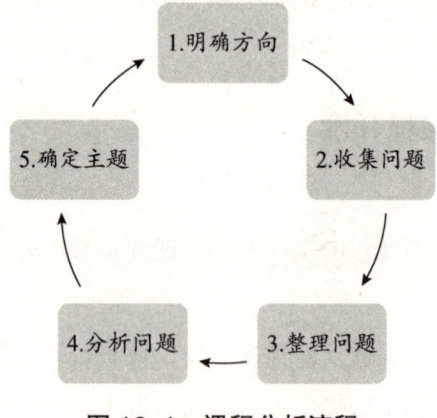

图 16-1 课程分析流程

2. 确定课程标题

标题就是课程题目，是所有课程内容的概括。课程主题确定之后，为了让课程更加切合学习者的需求，更加鲜明突出，我们有必要对主题进行进一步的界定，最终确定课程的标题。确定标题时要考虑以下两方面：一是标题要写实。"实"指的是实际操作，关注"应用"。例如，可以把"×××产品的简介"改成"×××产品的基础知识及操作实务"。二是标题要更聚焦。课程标题既要有内容，又要有对象。内容要具体、对象要聚焦。例如，《新员工五步成才法》，让课程更加聚焦于培训师的业务技能。

课程标题的总体原则是对象+内容，如果是商业课程还可以把课程方式加上去。当然，为课程取名有很多种方式，常见的有聚焦内容法、形象类别法、数字法、子母法、语言文字法（成语、双关、谐音、对仗等）以及综合法……大家记住一点，好的课程名称非常重要，是吸引和抓住学员的第一个法宝，所以大家要花时间好好为自己的课程设计一个好名字！

3. 确定课程开发目标

培训课程必须有明确清晰的课程目标，这是课程开发计划的起点和依据。课程目标是培训活动的出发点和最终归宿，是学习完某门课程后应当达到的标准与效果，一般由胜任能力要求、岗位工作标准要求或需要解决的问题决定。对此，课程开发人有必要分析以下问题：学员想学什么？学员该学什么？讲师能教什么？讲师会教什么？学员的优劣项在哪里？

（1）课程目标的基本要素（ABCD模式）

制定课程目标时要考虑课程的类型、课程的具体内容、课时长度、学员的理解与操作能力。包括四个要素：

A（对象，Audience）：阐明教学对象；

B（行为，Behaviour）：通过培训后学员能做什么，行为有哪些变化；

C（条件，Condition）：说明学员上述学习行为在什么环境、什么条件下产生；

D（程度，Degree）：达到要求行为的程度和最低标准。

（2）课程目标的类型

企业的内训课程更多地关注受训者对知识、技能的掌握，培训知识、技巧的应用以及行为和业绩的改善，最终为企业的业务带来影响和回报。不同类型培训的课程目标各有其特殊性。相应的课程类型和不同的学习水平分类与特征如表16-1所示：

表 16-1　不同课程类型的目标分类

课程类型	学习水平分类	特征
A（Attitude）观念态度类课程	接受或注意	愿意注意某些事件或活动
	反应	乐意、热爱以某种方式加入某事，以做出反应
	评价	根据一定标准做出判断
S（Skill）技能类课程	感知能力	根据环境刺激做出调节
	体力	基本素质的提高
	技能动作	进行复杂动作
	有意交流	传递情感的动作
K（Knowledge）理论与知识类课程	了解	对信息的回忆，多指概念、情况
	理解	用自己的语言解释信息，知道原因
	运用	将知识运用到新的情景中
	分析	将知识分解，找出关系
	综合	重新组合知识

① A（Attitude）——观念态度类课程

观念态度类课程侧重于让学员转变态度，接受并认同讲师提出的观念，从而实现行为转化，进而内化为其价值观。

② S（Skill）——技能类课程

技能类课程比较关注技能的掌握，可能涉及理解、模仿、简单应用、熟练应用这样几个阶段；对于技能类课程，要将希望获得的技能转化为目标，并尽量用定量的语言叙述，以便评估个人和企业应做到何种程度。

③ K（Knowledge）——理论与知识类课程

理论与知识类课程侧重于要求学员从记忆到理解，从简单应用到综合应用，最终实现创新应用。

（3）动宾结构展示目标

书写目标需要使用动宾结构的语言表达方式，让培训目标更清晰、可衡量。"了解""掌握""明白""学会"等词义过于模糊，在书写培训目标时应尽量避免使用。

此外，培训目标不宜过多，3—5 个即可。过多的培训目标，难以达到讲师教学设计实施的效果。

总体来说，可以使用 3—5 个动宾结构，展现课程的目标。

16.2.2　结构搭建

课程结构，就是课程的提纲和主干。课程结构能够梳理清楚课程内容和标题之间的内在逻辑以及讲师的授课逻辑。建立课程的层次和逻辑，是课程结构实际的核心工作。设计好课程的整体脉络，对讲师在课程讲授过程中的思路有积极影响。

在这个阶段，我们必须关注三个重要层面：课程模块、知识点标题和知识点的内容。（如图 16-2 所示）

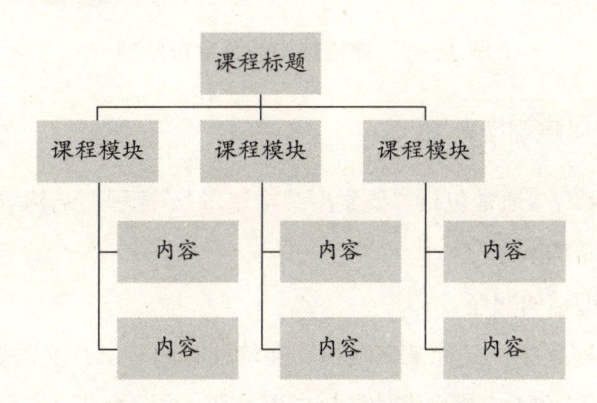

图 16-2　课程层次和逻辑示意图

课程模块指的是课程的"章节""段落""部分"，课程的知识点是指模块中包含的核心要点，知识点的内容则是知识点中包含的具体内容。模块与模块之间可以按照逻辑顺序进行调整，同一个模块下的知识点之间也可以进行调整。每个知识点的内容可以展开，除概念的展开是一段文字外，其他知识点都应有内容框架。

1. 课程结构的金字塔原理

课程结构设计要符合金字塔原理，金字塔原理是一种重点突出、逻辑清晰、层次分明、简单易懂的思考方式、沟通方式、规范动作。

金字塔原理的结构是：结论先行，以上统下，归类分组，逻辑递进；先重要后次要，先总结后具体，先框架后细节，先结论后原因，先结果后过程，先论点后论据。

金字塔原理的四个原则，如图16-3所示：

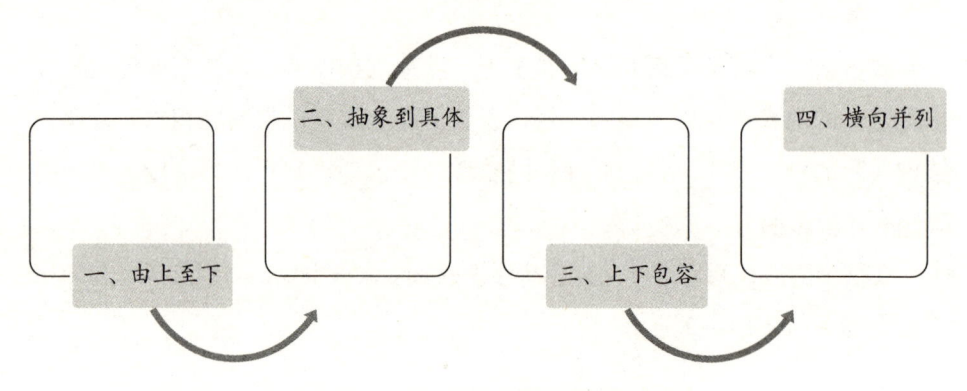

图16-3 课程结构的金字塔原理

2. 课程的逻辑顺序

逻辑结构顺序，通常包括"要素型结构顺序""流程型结构顺序""WHAT/WHY/HOW 型结构顺序"。

（1）要素型结构顺序

要素型结构顺序，又称横向结构。在培训时间有限，又需要普及性了解时，可以采用横向结构。横向结构的标题要贴切，浓缩为几个必须知道的观点，对必须知道的各个观点加以解释、强化和训练。（如图16-4所示）

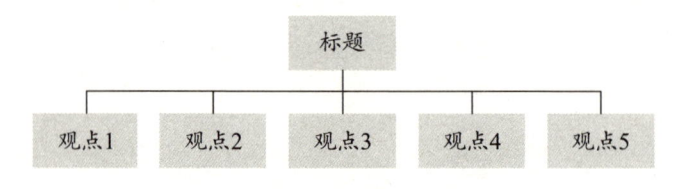

图16-4 课程横向结构

（2）流程型结构顺序

流程型结构顺序，又叫纵向结构，就是把内容按照事物发生的先后顺序连接起来。简单来说，流程型结构顺序是按照操作步骤或时间先后等来安排内容的，多用于操作性比较强的内容。如需要对某一方面内容进行深入解析时，可以采用纵向结构。具体观点表达可以采用归纳法和演绎法。（如图16-5所示）

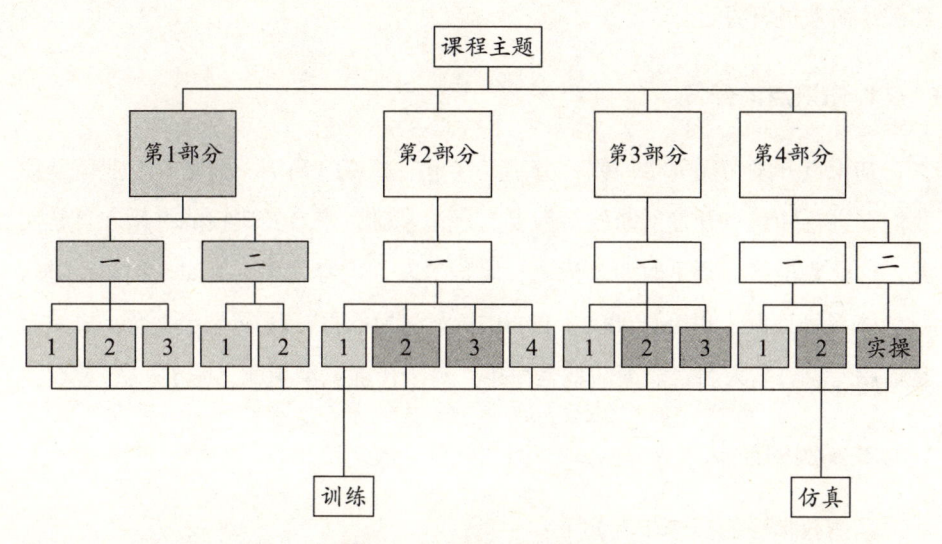

图 16-5　课程纵向结构

（3）WHAT/WHY/HOW 型结构顺序

WHAT/WHY/HOW 型结构顺序，也叫 WWH 型结构顺序，是按照解决问题式的推进过程进行内容排序的课程结构和顺序。它适合大多数课程结构的搭建，是一种通用的课程结构顺序。WHAT/WHY/HOW 型结构顺序多用于搭建注重学习者心态转变的内容，这些内容或容易引起争议，或需要让学习者更加重视。（如图16-6所示）

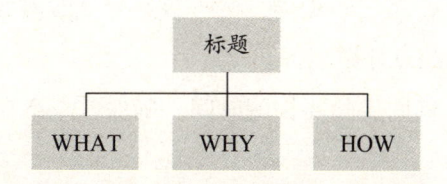

图 16-6　WHAT/WHY/HOW 型结构顺序

16.2.3 内容开发

课程内容开发，可以分为知识点的开发、案例的开发、学习活动的开发和破冰游戏的开发。

1. 知识点的开发

知识点开发遵循 4 个原则，分别是专业、权威、简洁、清晰。专业就是说我们在进行知识点开发的时候一般要有理论基础，来自经典权威书籍和日常实践，这就要求培训师平时要多读书，厚积薄发，内容为王。比如，我们在进行质量体系培训时，以 ISO 9000、TS16949 大纲为依据，就更有专业性。权威就是借用专家、名人名言。简洁就是简单，易于传播。清晰就是明了，无歧义。

2. 案例的开发

案例教学法的操作步骤如下：

（1）读案例，确保理解一致。由讲师或者学员来读一遍案例，确保所有人节奏一致地了解案例，避免让学习者自己看案例。

（2）提出问题，确保学习者理解。讲师需要确保学员了解所要讨论的问题，并且保证学员讨论范围在规定范围内。

（3）主要讨论，分工明确。各小组讨论时要做好角色分工，组长、分享者、记录者要职责明确。

（4）讲师观察和走动，关注学习者态度和进度。学员讨论时，讲师要走到教学区内，在每个小组之间走动，聆听学员分享的内容，观察各小组的讨论进度，为最后的总结点评做准备。

（5）提醒时间。其间讲师要提醒时间，确保各小组在规定时间内完成讨论任务。

（6）组织分享，聆听和提炼。这个环节非常考验讲师的聆听能力和归纳总结的能力。

（7）总结回顾。总结回顾从以下三方面开展：就学员分享的内容进行点评；

展示讲师事先准备好的解决方案，讲解方案的依据；提炼总结出"底牌"，并进行论证。

3. 学习活动的开发

学习活动有两种类型，即破冰游戏和主题性活动。破冰游戏，主要是用来活跃课前气氛。暖场、小组破冰等，是让学员迅速进入学习状态的一种活动。而主题性学习活动，则是围绕主题，引导学员去解决问题。

（1）学习活动的开发原则

学习活动要遵循重点讲聚焦问题、精练、把控好时间三个原则。

（2）学习活动的分类

主题性学习活动可以分为四种类型。

问题讨论型，给大家举个例子：马上进入高温时期了，公司该发防暑降温用品了，但是每次关于领取地点安排、搬运分发、满意度方面总会有一部分抱怨的声音，请各小组用 5 分钟时间讨论，最后给出本小组的 TOP3 问题和对应的合理化建议。通过先抛出一个问题让大家进行讨论并得到结论，这是问题讨论型。

技能演练型，技能培训、工具操作、使用规程等课程通常适合这种类型。

案例分析型，通过有代表性的案例，让学员进行分析、归纳、总结，自己得到结论或者解决方案的学习活动就是案例分析型。

成果展示型，顾名思义，就是学习活动后把学习成果加以展示。有些企业会组织一些插花培训，通过老师的教授，让学员自己动手插花，然后让学员把自己的作品向大家做展示和讲解，这就是一个最简单的成果展示型的学习活动。

4. 破冰游戏的开发

一个课程内容设计，不仅包括知识点的开发、案例的开发、学习活动的开发，为了更好地活跃氛围，提升课程气氛，课程开发人往往会增加一些与课程内容无关但有助于提升课堂氛围的破冰游戏，比如，培训开始的破冰游戏——老师说、乌鸦和乌龟、战斗准备、培训支持、寻人游戏、自画像等。

案例：老师说

（1）游戏目的
- 调动学习者大脑和身体，活跃氛围；
- 使全体学习者的注意力集中在课程上；
- 加强团队成员凝聚力。

（2）游戏规则
- 培训师通过口令让学习者做动作。口令有两种：一种是有效口令，另一种是无效口令。听到有效口令，学习者执行指令，听到无效指令，学习者保持原状。
- 培训师的有限指令前必须加一句"老师说"，如"老师说，向右转"，如果学习者照例执行，则为正确；反之，如果培训师的动作指令前没有加"老师说"，学习者照例执行，则为错误。
- 以小组为单位，输的人退出游戏，赢的人继续游戏，游戏结束时统计每组留下多少人，以每人3分统计团队得分。

（3）具体操作
- 培训师公布游戏规则；
- 先示范一次；
- 游戏正式开始；
- 培训师发出系列指令，可以使用有效指令、也可以使用无效指令；
- 培训小结。

（4）关键点控制
- 培训师在发布指令时尽量随意，避免公式化，否则学习者很容易识别有效指令和无效指令；
- 把握好现场节奏，尽量多准备一个容易干扰注意力的指令以备不时之需；
- 控制好实践，一般不超过10分钟。

16.2.4 材料编制

通常情况下，课程设计与开发的成果是以 PPT 的形式展示出来的。PPT 不仅是培训师授课教案的载体，学习者也在使用，但是 PPT 远远达不到课程包的要求。课程包作为一个成熟的课程设计与开发成果，需要形成一整套的材料。只有将课程包的制作标准化、规范化，才能提高企业课程开发的能力和培训的有效性。课程包具体包括：PPT、课程简介、讲师手册、学员手册、案例设计和学习活动集。

1. PPT 编写

PPT 是讲课的主体材料。好的课件，可以更好地辅助讲师的教学。设计课件时，首先要考虑的是遵循层次分明的逻辑顺序；其次要提升课件的视觉化效果。具体如图 16-7 所示：

图 16-7 授课 PPT 的作用

（1）字体

字体原则上要醒目、易读、大小适中。建议字号最小不低于 18 号。重点内容字号增大，反之亦然。课件中的字体最多不超过三种，建议使用微软雅黑，因为微软雅黑的字体让人感到严谨、厚重，投影效果比宋体更加清晰。

（2）颜色

颜色是用来刺激视觉神经的，一般用浅色底深色字或深色底浅色字。图表中标注颜色要鲜艳,与列文背景色保持一致。

(3)图表

字不如表,能用图表来表达的内容绝不用文字呈现。图表要置于核心的位置,做到图有深意,表有依据,说明文字尽量少,将重点放于图表。图表的颜色要鲜明。

(4)标题

标题要明确,可通过放大加粗、改变颜色、添加背景颜色、设定动画效果、放在特殊位置等方式来凸显主题。

2. 课程简介的编写

课程简介的内容包括培训目标、培训对象、大纲、培训时间。

(1)培训目标:期望达到的目标。需要做好需求调查,划分学员技能水平(入门:没经验,也意识不到自己缺乏的知识;新手:有一些经验和意识,但几乎不具备知识和技能;有经验:在专业方面达到某种水平,需要实践或知识来提高;专家:知识渊博,技术高深,但无法表达自己知道什么和如何完成任务,其知识处于无意识阶段)。

(2)培训对象:在书面描述时,不必详细描述学员的具体特征。

(3)大纲:课程大纲应给出课程内容和学习方向,主要遵循以下几点:确定培训主题、目的;为培训的提纲设计一个框架;列出每项所涉及的具体内容;修改、调整内容。

(4)培训时间:课程的教学时长。根据成人学习原理,成人一般只能保持15—20分钟的专注度,所以一个知识点或者教学活动应控制在20分钟左右。

表 16-2　课程简介模板

《××课程》
课程特色: ■ ■

续表

《××课程》
适用学员： 课程时长： 通过课程的学习，您将： 　■ 了解 　■ 掌握 　■ 运用
第一单元： 　■
第二单元： 　■
第三单元： 　■

3. 讲师手册编写

讲师授课的指导手册，包括开场设计、目的与重要性、授课的具体步骤、主题内容、结尾等内容，是其他讲师理解和掌握课程的重要材料。

（1）开场设计：所有开场应包括PIP，即目的（Purpose）、重要性（Importance）、预览（Preview）；

（2）目的：培训的原因；

（3）重要性：为什么要达到这个目的；

（4）授课的具体步骤：对培训的结构、方法、主要内容的大概介绍，让学员了解培训的整体；

（5）主题内容：一般包括理论知识、相关案例、测试题、游戏、故事。

表 16-3　讲师手册模板

《××课程》讲师手册				
课程名称			课程时长	
课程对象			撰表人	
课程目标	1. 了解： 2. 掌握： 3. 运用：			
课程讲解	对每一张 PPT 做现场讲授内容设计，内容需包括： 1. 讲授逻辑：明确内容呈现的先后顺序；上下 PPT 之间的承转要点； 2. 讲授内容：核心观点与剖析要点；举例与故事完整呈现，案例统一放入案例库模板； 3. 手法提示：Q&A 环节的问题呈现，答疑与点评要点呈现，各类手法的口令要求呈现。			
课程内容	课程讲解		教学手法	教学时长
（PPT）	各位同事，早上好，首先，我先做一下自我介绍：（介绍自己的经历），今天想跟大家共同探讨的话题是……本课程的目标是……			
（PPT）	现在大家来看一个视频，在看视频的过程中同时思考一个问题……好，现在有哪位同学想要和我们分享一下……			
（PPT）	下面请各位同学打开自己的学员手册第×页，我们来做一个小练习……			

4. 学员手册编写

学员手册是学员培训时使用的文件，包括：明确的学习目标、课程的基本结构、课前的预习任务（如准备课堂讨论的案例）、合理应用活页（通过活页的发放缩短与学员的距离，激发学员学习兴趣）、培训中需进行的案例分析、互动活动等的详细说明、课后练习。

5. 案例集的开发

案例是教学中运用的一个在某方面含有丰富信息和意义的事例。完整的案例一般包括背景、事件、问题、解决方案、启示/反思、点评六大要素；分为主题型案例、综合型案例、研究课题型案例三类。

案例分析设计的操作要领如图 16-8 所示：

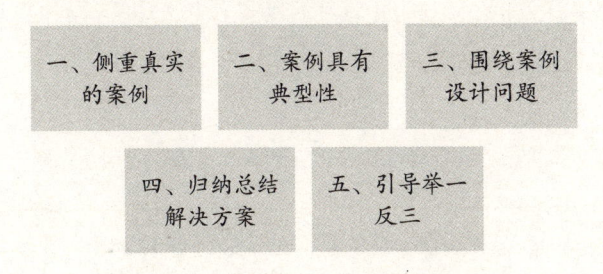

一、侧重真实的案例　　二、案例具有典型性　　三、围绕案例设计问题

四、归纳总结解决方案　　五、引导举一反三

图 16-8　案例分析设计的操作要领

案例设计时要注意：

（1）具有真实具体的情节，同时蕴含至少一项管理问题和决策；

（2）做好案例选题，广泛收集案例素材，尽量使用企业和学员身边的真实情境或案例；

（3）精心思考创作，进行情景的创造，要有悬念的设置，引发意境，创造思考；

（4）要突出对事件中矛盾、对立的叙述，也就是彰显案例的主题；

（5）要有一个从开始到结束的完整的情节，不能是对事件片断的描述；

（6）叙述要具体、明确，让案例的阅读者就像身临其境一样感受着事件的进程；

（7）要反映事件发生的背景，把事件置于一定的时空框架之中。

表 16-4　案例开发模板

案例笔者		所在部门	
案例名称		案例来源	□原创　□改编　□经典
案例角度		案例篇幅	□长篇　□中篇　□中短篇
案例背景			
案例内容			
案例评析			

6. 学习活动集开发

学习活动集是课程开发人员将学习活动的步骤文字化和集中化呈现的材料。学习活动集开发时可以按照学习活动操作模型进行操作，即一个完整的学习活动，包括设置、学习、建构、考核。（如图 16-9 所示）

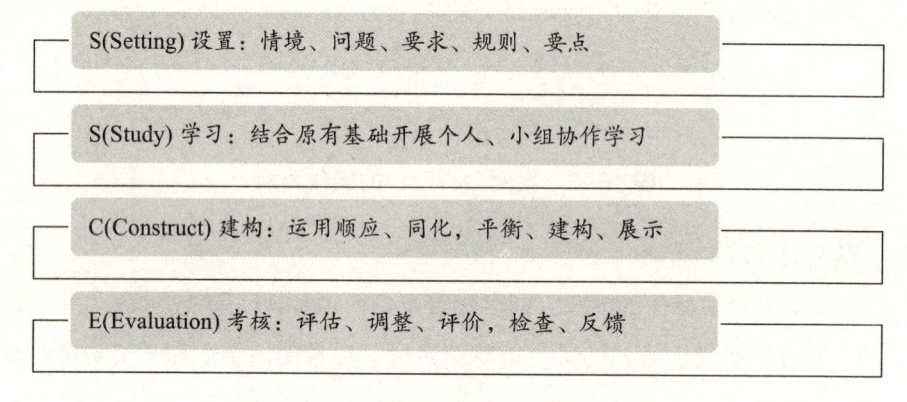

- S(Setting) 设置：情境、问题、要求、规则、要点
- S(Study) 学习：结合原有基础开展个人、小组协作学习
- C(Construct) 建构：运用顺应、同化、平衡、建构、展示
- E(Evaluation) 考核：评估、调整、评价、检查、反馈

图 16-9　学习活动开发的 SSCE 模型

关于课程包的交付标准，最好根据课程的需要设定。对于影响范围广、培训次数多的课程，如企业文化、战略管理等课程，需要详细、完整的标准课程包；对于影响范围小、培训次数少的课程可以适当降低交付标准，如产品工艺开发等部门专业技能课程。

16.2.5　成果展示

1. 学习成果展示的价值

为什么要做成果展示，因为成果展示存在非常大的价值。学习成果展示可以检验学员学习成果，验收企业投入价值，为讲师提供课程改进的依据。

2. 学习成果展示的类型

学习成果展示可分为过程和结果展示、个人和团队展示、私下和公开展示。

过程和结果成果展示。过程学习成果展示，如课程讲解过程中设置一个案例分析，检验学员对之前知识点讲授的理解和应用；结果学习成果设计，如实操型课程，授课完毕后，设置实操练习来检测学习结果。

个人和团队成果展示。个人学习成果展示，如现场提问；团队学习成果展示，如小组成果 PK。

私下和公开成果展示。私下学习成果展示，如老师一对一检测与反馈；公开学习成果展示，如学员或小组上台展示。

16.2.6　试讲优化

初步开发完的课程，就像一个孩子，需要在实践中不断成长，"说课"是我们用来介绍课程设计的方法，包括课程名称、课程背景、课程目标、内容大纲等。"演课"是课程实践前做真实演练的过程。做好"说课"和"演课"可以让我们不断优化和调整课程，最终产出精品课程。

第十七章
培训课程管理

培训课程开发好之后，会进入课程库，随着业务的扩展，课程会有量的积累和质的提升。此时，进行科学系统的课程管理就非常必要。

17.1 培训课程的重要性

17.1.1 课程体系建设的需要

一般情况下，企业的课程体系建设不是一朝一夕就能完成的，这是一个长期工程。企业需要有意识地开发课程，不断完善企业课程体系，因此，需要对每个课程进行全面的记录，包括学习对象、授课时长、内容大纲等。

17.1.2 便于后期的使用升级

随着内部讲师的转型或者流失，需要补充新鲜血液，新成长起来的内训师就可以在原来课程版本的基础上进行升级，避免重复开发。

17.1.3 快速提取课程的需要

对课程记录得越全面、记录数据越多，企业需要快速提取课程的难度就越大。因此科学、智能的课程管理就非常必要。

17.2 课程管理的内涵

课程管理，描述得形象一点，就像图书馆管理书籍，图书馆管理的是一架一架的印刷书籍，而企业课程管理的对象是课程书架。

17.2.1 课程书架的分类

1. 按课程类别

（1）管理序列课程

企业如果已建立本企业的领导力模型，可针对性开发匹配的管理类课程，也可以引入行业内较为成熟的管理类课程并逐步根据公司特点内化，管理类课程宜"精"不宜"多"。提升领导力，可设置初级、中级、高级的进阶管理课程。

（2）专业序列课程

企业的销售代表、生产管理人员、研发人员、项目经理等专业技术人员，他们的工作特点是同样的工作任务遇到的情境会各有不同，这就要求他们必须具备跨情境迁移的能力，可采用工作任务分析法来构建课程体系，根据岗位活动所需必备知识和基本技能，规划精细化程度较高的课程。例如，在业务推广和运维阶段，对营销人员规划"新产品销售""新产品服务"等课程。

（3）通用序列课程

通用序列的课程包括企业员工通用能力提升、基础职业素养提升、标杆企业先进实践学习等。这类课程的培训需求数量非常大，企业如果完全依赖外部采购，所需投入费用较高，所以这类课程内化后降本增效效果明显。还有企业独特的、不可或缺的企业文化类、产品介绍类等课程，都需要组织内部专家进行系统的课程开发工作。

2. 按开发方式

外包开发、内外结合、自主开发是课程开发常用的三种模式，对应课程体系建设的 3B 原则，即 BUY- 购买，BORROW- 借用，BUILD- 建设。

（1）外包开发

外包开发，即购买课程，是指把企业课程开发项目委托给外部咨询机构、学术研究机构或者专家个人负责开发的一种组织形式。这种形式要求企业具有良好的项目管理能力，这样才能把外部专家和内部人才有机整合，开发出高质量课程。

（2）内外结合

内外结合，即借用"外脑"专业的开发能力开发课程，是指内部专家和外部教学设计专家共同开发课程的一种组织形式。具体的组织方式是外部教学设计专家指导内部专家开发课程或负责相关开发文件的整体制作。这种开发模式的前提是内部有理论专家和实践专家，开发内容与内部讲师本职工作相关，挑战在于组织难度大，要求内外部专家多次集中研讨。

（3）自主开发

自主开发，即自主建设课程体系，是指把企业课程开发项目委托给内部专家进行开发的一种组织形式。这种形式的优点是成本低，缺点是内部专家缺乏开发能力，开发质量不高。如果采取这种开发方式，需要有能力非常强的课程开发项目经理，能够进行指导、管理及协调。

以上三种开发模式各有利弊，企业需要根据开发课程内容特点以及内部是否有实践专家、是否有良好的课程开发管理能力、是否有课程设计师来选择，具体选择的策略如表 17-1 所示：

表 17-1 课程开发模式对比

开发模式	优 点	缺 点	适用条件	适合课程
BUY：外包开发	内容专业程度高，管理简单	与内部结合不够，成本高	内部不具备良好的课程开发能力	外部理论知识和行业经验丰富，内部缺乏相应课程，如领导力课程

续表

开发模式	优点	缺点	适用条件	适合课程
BORROW：内外结合	内容针对性和课程标准化程度较高	组织难度大	内部有专家，项目经理非常重要	专业课程，包括专业知识、流程、制度、初级专业技能、销售、服务、生产管理等课程
BULID：内部开发	成本低，符合内部实际情况，更有效解决问题	课程质量不受控	内部讲师具备课程开发经验，有良好的课程开发管理能力	初、中级专业类课程，如生产、服务、产品销售、专业技术等

案例：××单位课程开发坚持"三驾马车"

××单位课程开发坚持"三驾马车"，一是基础能力类课程开发，由大学专职讲师负责，职场力课程通用内容实现情境化、定制化。例如，《商务礼仪》课程，如果全面系统地讲授，需要两天时间，但经过定制化开发后，只需一天就可以满足销售代表的商务礼仪需求，而且课程设置也基于实际工作场景来开展，包括出门前的仪容仪表选择，拜访客户时的沟通礼仪，以及用餐时的相关礼仪等。二是管理类课程二次开发，由大学和公司管理者组成。领导力课程只有实现定制化，才能受到学员的欢迎，应用到实际工作中。例如，绩效管理课程，××单位根据不同学员群体所面临的不同问题，开发了半天版、1天版、2天版。根据每类学员的工作任务，重组了培训内容，定制化开发案例及其演练。三是关键岗位专业课程定制化开发，充分调动业务部门和内部讲师的积极性，实现专业力课程专业内容全部定制化。所有开发出的课程必须实现"流程化、工具化、表单化"，形成便于学员应用的"口袋书"。

××单位认为，只有"适合的才是最好的"，而"适合"指的是能够基于学员实际工作场景进行课程设计。因此，课程开发"三驾马车"的最基本要求是诊断学员面临的实际问题，梳理典型工作任务情景，提炼组织中可复制和推广的最佳实践，解决组织中的战略问题。最终形成的定制化课程库，为业务部门和下属公司的人才发展提供"一站式解决方案"。

3. 按照难易等级划分

课程按照难易等级划分，可以分为初阶、中阶、高阶课程，分别适用于本专业的初级、中级和高级人才。

17.2.2 入架课程的标准

企业开发的课程，并不是所有的都需要纳入课程书架进行管理。我们认为，符合一定标准的课程才值得入架。

课程开发时，企业内部讲师需要解决的是：学员"愿不愿听"的问题，即关注课程的价值；学员"听不听的懂"的问题，即关注学习者的理解；讲师"讲不讲的清楚"的问题，即关注表达的思路。

因此，好课程的标准，即一门好的课程是什么样子的，应该有如下几点：

- 好的课程应该关注实用性；
- 好的课程应该更关注表达结构；
- 好的课程要看讲师怎么授课；
- 好的课程离不开精彩的演绎。

17.2.3 课程书架的管理

课程书架管理要坚持系统性原则和动态性原则。

1. 系统性原则

企业培训部门作为管理主体，组织各单位进行系统课程开发与优化工作，确保课程体系的覆盖度和匹配度，能够不断满足企业发展的需求，夯实构建员工学习地图的基础；各单位课程体系维护工作需列入年度、月度、日常培训管理中，作为培训资源建设的重点项目来管理。

2. 动态性原则

随着企业内外部环境变化，对课程进行修订是必需的，一般是一年修订一次，或者根据组织要求和培训对象变化等情况适时对课程进行修订，以适应变化所需。企业对课程书架进行动态管理，各培训实施部门对讲师、课程进行即时评估并反馈给人力资源部门，在此基础上对课程书架进行出库、分级、后期优化的动态调整。

17.3　外部课程的书架

外部课程大部分来源于外部培训供应商，由于费用限制，外部采购课程大部分为内部无法开发或者开发质量不高的企业战略相关的课程，如领导力课程。

对外部课程书架的管理，企业培训管理者主要做好入库选择和课程评价两方面工作即可。

17.3.1　外部课程入库选择

可以进入外部采购课程书架的课程，才能够作为后备采购对象，能够入架的课程主要分三类，见表17-2：

表17-2　供应商入库分类

外部采购课程类型	具体描述	培训供应商
A类战略课程	课程质量卓越、课程所涉及领域及拥有的技术方法，能有效支撑公司打造人才核心竞争力，应对业务挑战、支撑公司全球化战略实现	A类供应商—战略伙伴型
B类项目型课程	有效满足现阶段集团各支人才队伍系统培养需求、各专业领域的能力提升需求	B类供应商—项目合作型
C类单一型课程	较好满足现阶段集团各单位组织及员工层面培训需求的单一课程	C类供应商—课程提供型

17.3.2 外部采购课程评价

外部课程评估可分为入库评估和课后评估。

入库评估可通过与供应商直接沟通、到供应商所在地实地考察、供应商服务客户反馈或者公开课推介试听等方式进行评估。

课后评估即入库的课程在企业内部授课后，要进行详细的课后评估和统计分析，为课程的动态管理和重复采购留下详细资料。

17.4 内部课程的书架

内部课程书架相对外部采购的课程，要复杂许多，是一个从无到有，从规划到实施的过程。

17.4.1 课程开发规划来源

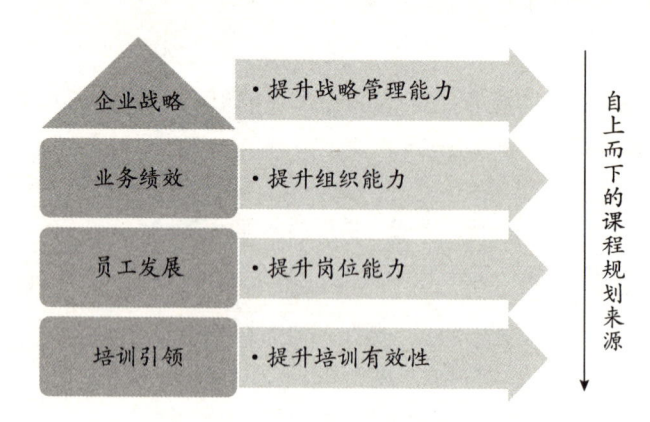

图 17-1 课程开发规划来源图

需求分析是课程开发规划的第一步。课程开发规划主要来源于四个方面：

1. 企业战略

在制定课程开发规划时，要以企业的发展战略为主导，抓住老板的"眼色"，对老板的期望、企业的情况、文化价值观、组织的战略、制度、流程结构、在行业内的竞争状况、培训背景进行了解。

2. 业务绩效

从业务绩效出发，课程开发规划要抓住管理者的"痛点"，即组织绩效差距的问题点。分析一个部门或岗位层级人员的业绩达成情况来了解培训需求。

3. 员工发展

课程开发规划要考虑员工自我发展的需要，了解学员的岗位要求、工作任务、工作内容、工作关键流程、所需工具方法和工作结果，确定行为标准和知识技能要求。

4. 培训引领

企业全年的培训计划，由一个个培训项目组成。培训项目包括培训目标、课程设置、讲师选用、培训手段、具体实施、效果评估与反馈等要素。课程开发是培训项目的组成部分，必须完全服从和服务于培训项目的要求。

进行课程开发之前，必须明确一下什么是培训。培训是以学员为主体，以讲师为主导，以教学内容为主线，针对组织要求的态度意识、基础知识和工作技能的标准和要求，通过知识让渡、技能训练、考核评估等综合技术手段来改变个人行为、提升员工技能，进而提升组织绩效的系统工程。

所以应该选择什么样的课程就比较清楚了。课程必须选取跟战略发展相关、人才发展相关和业务场景相关的课程。跟公司绩效相关度不大的课程，尽可能不选择，这是我们组织企业内部讲师和课程大赛的基本原则。

除了这一条原则之外，选择课程主题还有以下几个原则：覆盖面广、重复率高、重要性高、业务紧急程度高，而且有合适的人开发和讲授。

比如，一家银行把 2019 年经营发展的主题定为合规经营和市场拓展，所以围绕提升这两个维度绩效目标的培训是今年要重点开展的内容。

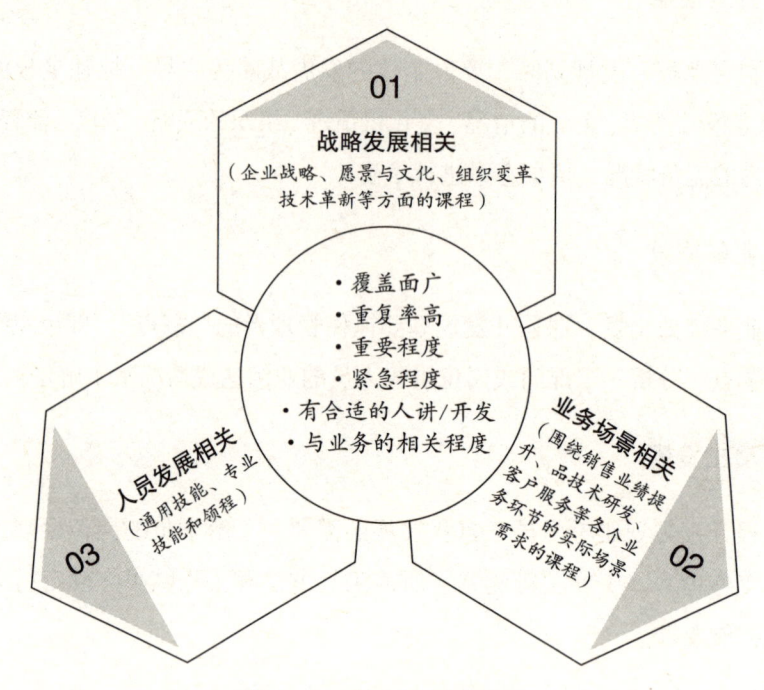

01 战略发展相关
（企业战略、愿景与文化、组织变革、技术革新等方面的课程）

02 业务场景相关
（围绕销售业绩提升、品技术研发、客户服务等各个业务环节的实际场景需求的课程）

03 人员发展相关
（通用技能、专业技能和领程）

中心：
- 覆盖面广
- 重复率高
- 重要程度
- 紧急程度
- 有合适的人讲/开发
- 与业务的相关程度

图 17-2　某企业课程规划

表17-3 以业务场景为基础的课程开发规划（知识树体系图）

| 序号 | 职位类类
(任职资格序列) | 职位子类
(任职资格子序列) | 对应课程子类 | 能力单元
对应课程名称 | 能力要素
对应课程大纲 | 课程开发时间（3年期计划） ||| 适用对象（根据能力要素集中度划分课程/专业人员等级）适用管理人员职级 || 组织分工 || 课件盘点（现已有PPT课件需标明）|
						2019年	2020年	2021年	管理人员职级	专业人员等级	牵头单位	执行单位	
1	对应课程大类		《企业培训体系搭建与资源整合》	(1) 培训体系建设 (2) 流程与制度建设 (3) 知识库建设及管理		☑		副部长级及以上人员	三级及以上专业技术人员	人力资源部	—	
2		培训发展	《基于任职资格的课程开发》	(1) 基于任职资格的培训发展体系 (2) 任职资格标准及应用设计 (3) 具体课程开发设计		☑		副部长级及以上人员	三级及以上专业技术人员	人力资源部	—	
3	人力资源系列课程		《讲师培养与课程开发》	(1) 内部讲师选拔及培养 (2) 内部认证及动态评价 (3) 课程建设方案设计及方法辅导		☑		科长级人员	三级及以上专业技术人员	人力资源部	—	
4		人力资源规划开发与任职资格											

17.4.2 课程开发计划管理

在课程开发规划完成后,要制订课程开发计划。课程开发计划包括立项审批、调研访谈、确定开发任务书、课程开发、编写相关文件、培训实施、课程转移与内化 7 个阶段,各阶段要按计划完成时间输出相应的阶段性成果。

表 17-4 课程开发计划

课程名称:			培训对象:		
课程开发部门:			接受培训部门:		
课程开发组织结构	项目角色	姓名	本人签字	主管领导签字	备注
	开发组组长				
	开发组组员				
课程开发计划	课程开发各阶段工作内容		阶段性成果	计划完成时间	备注
	①立项审批		课程开发立项审批表		
	②调研访谈		课程需求调查报告		
	③确定开发任务书		课程开发任务书		
	④课程开发		课程大纲及内容确定		
	⑤编写相关文件		PPT、教案、学员教材、案例集		
	⑥培训实施		课程优化版本		
	⑦课程转移与内化		内部讲师成功授课		
课程更新周期(单位:年):					
培训部意见:					

17.4.3 培训课程开发实施

课程开发计划确定后,培训部门即可组织相应的培训项目,实施课程开发。具体参照本书第十六章的六个步骤完成课程开发的内容即可:明确主题、结构搭建、内容开发、材料编制、成果展示、试讲优化。

17.4.4 培训课程应用优化

课程的培训效果是检验培训课程是否优秀的重要依据。精品培训课程的认定,最终还是要看业务部门与学员的反映。内容初步设计完成后,进行试讲应用,可以征集学员意见以优化课程。试讲应用后组织学员召开课程研讨会,引导学员反馈对课程的意见。在此环节,最好是邀请除课程开发人外的其他授课讲师加入,使其不仅了解课程内容设置并提出修改意见,还可以通过观摩,学习课程开发人的讲课风格及逻辑,以保证课程开发项目的顺利完成。

讲师可以在自己授课时全程录像或录音,通过回放录像或录音,不但可以发现授课存在的问题,还可以看出设计的不足,尤其是与学员互动时,学员的感受是最真实的感受,有必要站在学员的角度去评审课程内容,发现设计中的问题。

试讲完成后,课程开发人根据课程内容设计的原则、学员对课程内容的掌握情况、学员的参与程度、授课过程是否科学合理,对课程内容进行调整。在此阶段对于课程模板不做调整,主要是在课程深度、顺序、表现形式、案例使用和时间安排等方面做调整。一般情况下,两次试讲就能够达到完善课程的目的。

17.4.5 培训课程认证入库

为做好各类课程质量控制、课程难度等级划分及课程内容覆盖度检查等工作，针对已开发完成的各类课程，企业需设计严谨的评审流程对课程进行认证管理，以专业类课程认证流程为例，认证流程一般如图17-3所示：

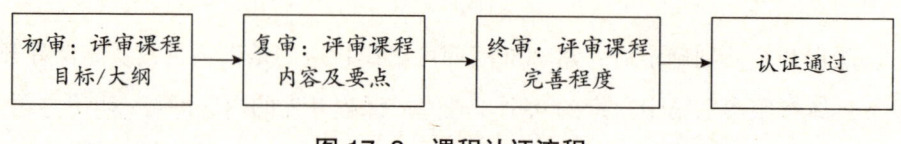

初审：评审课程目标/大纲 → 复审：评审课程内容及要点 → 终审：评审课程完善程度 → 认证通过

图17-3　课程认证流程

1. 课程初审

课程初审由课题领域的专家和培训领域的专家共同评审课程的目标，解决学员的学习动机问题（态度层面），也就是为什么要学习本课程。评审标准是课程对象准确定位、受众聚焦。另外，还要评审课程的大纲，确保课程逻辑合理、框架思路清晰。

2. 课程复审

课程复审解决的是学员的知识储备问题（知识层面），也就是要掌握哪些专业的知识，才能顺利进行实际操作。由课题领域的专家或领导担任评审委员，对课程内容进行把关，在专业技术与公司业务实践活动相结合的基础上，对培训内容分析与归纳，确定所选择培训内容的导向性、适用性、可行性。评审标准是课程内容正确、符合公司实际、课程的知识点及流程正确无误。

3. 课程终审

课程终审本着"知识成系统、能力有差异"的原则，在培训内容与授课对象相吻合、对课程开发技巧与流程的把握基础上，由培训领域的专家对培训课程所含知识的框架结构、案例设计、课程包规范等部分进行评审，主要解决课程开发过程本身的难点、课程完备程度、课程呈现等问题。可采用下表收集和分析课件意见：

表 17-5　内部课件评审表

课件名称			专业类别		编写人	
适用对象			标准课时		评审人	
评审方向	具体指标	权重	指标要求		评审得分	评委点评
课件总体策划（30%）	培训对象锁定	10'	课件能够在培训目标、问题解决及课件难易程度等方面紧紧聚焦于适用培训对象			
	培训目标	10'	教学目标清晰、定位准确，课件内容的各章节和教学活动的各环节都能聚焦于培训目标			
	成人教学逻辑	10'	符合成年人认知规律，启发引导性强，逻辑性强，有利于激发学员的学习积极性和主动性			
课件内容（35%）	课程大纲	10'	符合教学大纲要求，在制作量要求范围内的知识体系结构完整。			
	课件内容	15'	内容丰富，层次分明，结构清晰，教学引用的各种信息准确无误			
	理论与实践结合	10'	教学内容既有准确的理论依据，又有实践案例，达到理论与实践的完美结合			
技术性（25%）	课程包的规范性	10'	课件能按照课程包的标准，包括：学员讲义、学员PPT、讲师讲义及教学工具			
	互动性	10'	界面友好，操作便捷，分层合理，交互性强			
	多媒体教学	5'	充分利用多媒体技术（如视频、声音、动画），并具有相应的控制技术，让课程生动形象，不枯燥			
艺术性（10%）	课件风格	5'	界面布局合理、新颖、活泼、有创意，整体风格统一			
	课件美观	5'	色彩搭配协调，字体字号适中，视觉效果好			
总　　计						
课程总体评价和建议						

17.4.6 盘活好培训课程库

课程定版后,提交课程正式稿,进行评审验收后即完成课程入库。课程入库后,如何顺利推广优秀课程是需要重点考虑的问题。课程推广的目的主要有两个:一是向讲师推广精品课程,也是讲师认证的过程;二是要将课程推广给内部客户,即目标学员及其上级、培训管理员。

精品课程的打造,离不开课程的营销推广。可以从四个方面进行内部营销。

1. 培训题目

精品课程一定要有一个富有感召力的名字。培训题目要能够让受众清楚地了解课程的核心主题,突出个人的创意和风格,吸引学员的眼球。可采用大标题和小标题的形式。大标题可以富有创意或艺术性,小标题则开宗明义,表明培训主题。这样既可以使学员对课程特色感兴趣,又能明晰培训主题,如"玩懂精益——在游戏中让精益颠覆你的思想"。

2. 课程框架

课程框架要简明、清晰。太繁杂的课程框架不利于学员细致地了解培训课程。因此,课程框架的设计力求专业、明了,可采用一定的专业排版来设计图纸,给学员带来震撼,展示自身的特色。

3. 宣传手册及海报设计

宣传手册应包括:课程总体介绍、课程框架、讲师简介、精彩内容片段、课程安排。海报设计应注意:主题清晰、框架简明、内容完整、视觉设计良好。

4. 课程发布会

课程发布会的目的是将课程库内的精品课程发布,扩大课程的影响力,激发学员的学习热情。可邀请关键人物参与发布会,现场可悬挂课程海报、横幅、易拉宝等宣传载体，对课程进行宣传。

17.4.7　培训课程积分管理

对课程书架的课程，应该进行动态管理，为了调度课程开发人员更新维护课程的积极性，课程书架应该建立相应的培训课程积分管理制度。

成长激励兑现方式，可采用资源存折制，该资源存折可用于员工自我培训技能提高，但需通过集团人力资源部实现。当课程授课达到一定的学时，课程开发讲师可以获得一定成长激励，具体实现方式包括：

（1）参与优秀培训的名额；

（2）与专家沟通交流的机会；

（3）既定金额购书卡（购书方式由集团人力资源部指定）；

（4）授课费用的阶梯性提升。

资源存折年度兑现一次，可累计使用，每次参与活动产生的费用从资源存折中扣除。

第十八章
内部讲师管理

18.1 为何要培养内部讲师

18.1.1 企业知识沉淀的需要

通过培养知企业、懂企业、知员工及其知识短板的内部讲师，将企业的文化内涵和知识传承赋能给更多的员工，这在企业构建学习型组织的过程中发挥了很大的作用。在成功的企业培训实践中，常常能看到内部讲师全方位参与的身影，他们把企业经营特点与自身专业技能相结合，进行课程开发，对学员进行辅导，促进了后期培训效果的有效达成。

我们经常把外部培训比喻为"隔靴搔痒"，原因就在于虽然外部培训资源很丰富，培训师的授课经验也很丰富，但由于每家企业在管理体制、文化等方面迥然不同，外部培训的课程内容往往千篇一律，缺乏针对性和实用性，只能解决普遍问题，不能解决企业的个性问题。很多参加外部培训的员工有同样的感受：听课时觉得课程内容很精彩，感觉很受启发，但听完回来在实际工作中发现没办法应用。而利用内部培训师进行培训，由于内部讲师长期处在企业实际工作环境中，对企业内部的运作情况有着较深入和准确的把握，可以根据企业实际情况进行"量体裁衣"式的培训，更容易帮助受训者提出针对性强的解决问题的意见和方案，沉淀带有自身公司特色的课程。

18.1.2　员工职业发展的需要

在企业内部挖掘和培养优秀的或有经验的员工担任内部讲师，实际上就是对企业内部人力资源的充分开发和利用，对于优秀的员工来说，承担内部讲师的任务对其职业生涯无疑是一种新的挑战和尝试。通过培训授课，内部讲师可以大大提升个人在演讲、表达、控制局面和应对突发事件等方面的综合实力，而在开发课程过程中，也有利于自身知识和技能的进一步巩固和拓展，与此同时，授课效果得到学员和企业的肯定也会给其带来成就感，有利于激励优秀员工继续留在企业，开发其职业生涯的另一个平台。

18.2　什么是内部培训讲师

企业的内部讲师是企业因发展需要，以提升企业的业绩为目标，对内部有影响力的中层干部进行专业技能培训，使他们在企业内起到教练、老师、师傅的作用，从而提高整体员工的业务素质和能力，更好地为客户服务，促进企业的业绩提升。内部讲师大部分都是兼职讲师，是指在完成自身工作之外，承担着开发课程、培训教学等任务的员工。"请进来""走出去""自己做"是目前企业培训的三种主要方式，"自己做"就是建立内部讲师培训制度并开发培养企业内部培训师。由于企业培训需要一定的广度和深度，仅凭人力资源部自身的专业水平不可能实现课程的开发讲授，所以培训部门应进行内部讲师开发，内部讲师作为最了解业务的专业人员，由培训部门培养其课程开发技巧及讲授技巧，可以有效地整合资源，挖掘管理人员的潜能，发挥各业务的专业人才的主观能动性，及时发现问题和解决问题，打造学习型组织。

18.3　如何用好并管理讲师

建设一支企业的优秀讲师人才队伍，需要规范内部讲师的选拔、培养、认证、使用、激励和评价的流程。内部讲师培养和管理包括五大流程，具体流程见图18-1。

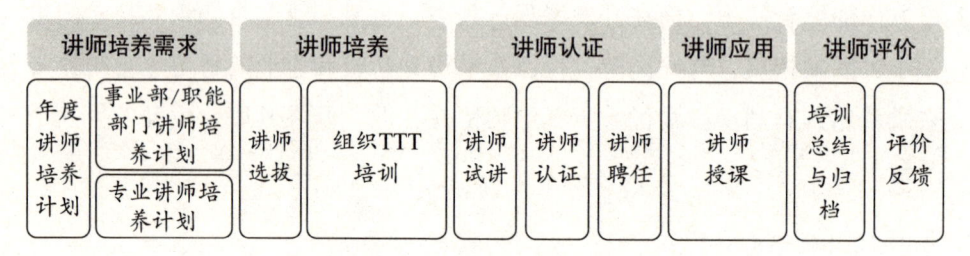

讲师培养需求	讲师培养	讲师认证	讲师应用	讲师评价
年度讲师培养计划 / 事业部/职能部门讲师培养计划 / 专业讲师培养计划	讲师选拔 / 组织TTT培训	讲师试讲 / 讲师认证 / 讲师聘任	讲师授课	培训总结与归档 / 评价反馈

图18-1　讲师培养流程图

18.3.1　培养需求

讲师与课程是密切相关的，讲师培养计划来源于年度培训计划中对内部课程的需求，人力资源部需要根据内部课程数量的多少，计划培养相应数量的内部讲师。在盘点企业现有的内部讲师基础上，人力资源部需统计本年度开发讲师的数量、讲师培养的业务方向、培养时间、使用时间等，具体见表18-1。

表18-1　讲师培养计划明细表

序号	开发课程名称	对应课程大纲	开发完成时间	适用对象	课件开发讲师	讲师认证时间

18.3.2 讲师培养

1. 内部讲师的选拔

根据讲师培养的需求，培训部门需要组织内部讲师的选拔和 TTT 培训。内部讲师可以根据所在岗位的等级或业务领域进行分级，各等级对应不同岗位等级及能力素质要求，讲师任职条件见表 18-2，在选拔讲师的时候，可以参照内部讲师任职条件进行讲师的筛选。

表 18-2　讲师任职条件

讲师级别	对应岗位等级及业务领域	授课领域从业经验	任职条件 专业资质	任职条件 公共条件
专家讲师	总监级 / 六级专业技术人员 / 特定专业领域专家	10 年	具备本科及以上学历，对于本领域内复杂的、重大的问题，能够提出改革现有的程序 / 方法进行解决	1. 以往学员满意度调研在 80 分以上； 2. 热爱培训管理与讲师工作； 3. 具有不断自我发展的意识与能力； 4. 具备较强的沟通与语言表达能力
高级讲师	经理级 / 五级专业技术人员	8 年	具备本科及以上学历，精通本专业领域全面的知识和技能，年度累计授课时数超过 12 小时	
中级讲师	主管级 / 四级专业技术人员	5 年	具备本科及以上学历，精通本专业领域内两个及以上职能的知识和技能，年度累计授课时数超过 12 小时	
初级讲师	其他专业技术人员	3 年	具备专科及以上学历，精通本岗位职能范围的知识和技能；年度累计授课时数超过 12 小时	

讲师的选拔可以通过员工自荐、部门推荐、人力资源部邀请三种方式进行，三种方式都可通过以下表格收集信息（表18-3）。

表18-3 内部讲师推荐（自荐）表

1. 课程基本信息					
课程类别	□汉语授课　　□英文授课				照片 （请粘贴照片，便于后期相关证件的制作）
申请讲授课程					
主要授课内容					
2. 申请讲师级别：＿＿＿级　　□续评　　□晋级　　□新评					
3. 讲师基本信息					
姓名			工号		
性别			年龄		
学历			英语等级		
单位			部门		
岗位层级			工作年限		
联系电话			本人邮箱		
直线经理			直线经理电话		
直线经理邮箱			本部门培训负责人		
4. 工作经历					
序号	开始日期	截止日期	所在单位	岗　位	
1					
2					
3					
5. 授课经历					
序号	开始日期	截止日期	讲授课程领域	讲授课程名称	课时
1					
员工本人确认：				推荐部门/推荐人： 　年　　月　　日	

2. 内部讲师的 TTT 培训

TTT（Training the Trainer to Train）意为培训培训师，可以通过讲师的角色任职、流程技巧、气场形象、方式运用四个方面进行 TTT 授课技巧的培训。讲师培训的流程可以按照 PDCA 的管理模式进行管理，具体见图 18-2。

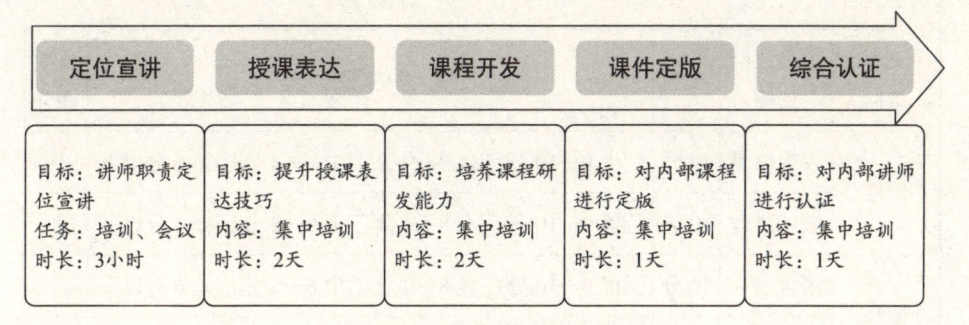

```
定位宣讲 → 授课表达 → 课程开发 → 课件定版 → 综合认证
```

定位宣讲	授课表达	课程开发	课件定版	综合认证
目标：讲师职责定位宣讲 任务：培训、会议 时长：3小时	目标：提升授课表达技巧 内容：集中培训 时长：2天	目标：培养课程研发能力 内容：集中培训 时长：2天	目标：对内部课程进行定版 内容：集中培训 时长：1天	目标：对内部讲师进行认证 内容：集中培训 时长：1天

图 18-2　讲师培训流程

18.3.3　讲师认证

一般来说，可以设置讲师认证委员会进行讲师认证工作，推动讲师管理工作专业化、规范化，讲师认证委员会至少包括 2 名业务专家参加。培训管理者可根据讲师数量的多少、级别的不同，规定讲师认证的频次、通过率等。认证讲师的级别不同，其要求的标准也不尽相同，内部讲师认证标准具体见表 18-4。

表 18-4　内部讲师认证标准

级别	讲师类别	讲师认证委员会	认证通过率	认证频次
一级	中级及以上讲师	5名评委，其中集团业务主管副总必须参加	80%	1年/次
	专项项目讲师	5名评委，其中至少2名高级讲师和1名外部专业讲师	80%	根据讲师培养项目时间
二级	初级讲师	5名评委，其中至少2名中级讲师	95%	1年/次

讲师认证试讲的时间一般不超过 20 分钟，人力资源部组织讲师认证委员会相关评委进行打分。

表 18-5　讲师认证评分表

一级评价指标	二级评价指标	权重	评估等级	单项评分
形象	仪容仪表	10 分	□优 9—10 分 □良 8—9 分 □中 6—8 分 □差 6 分以下	
	肢体语言	10 分	□优 9—10 分 □良 8—9 分 □中 6—8 分 □差 6 分以下	
演绎	语言表达	10 分	□优 9—10 分 □良 8—9 分 □中 6—8 分 □差 6 分以下	
	教学设计	10 分	□优 9—10 分 □良 8—9 分 □中 6—8 分 □差 6 分以下	
内容	适用程度	10 分	□优 9—10 分 □良 8—9 分 □中 6—8 分 □差 6 分	
	专业深度	10 分	□优 9—10 分 □良 8—9 分 □中 6—8 分 □差 6 分	
	逻辑结构	10 分	□优 9—10 分 □良 8—9 分 □中 6—8 分 □差 6 分以下	
	视觉呈现	10 分	□优 9—10 分 □良 8—9 分 □中 6—8 分 □差 6 分以下	
场控	提问反馈	10 分	□优 9—10 分 □良 8—9 分 □中 6—8 分 □差 6 分以下	
	场面把控	10 分	□优 9—10 分 □良 8—9 分 □中 6—8 分 □差 6 分以下	
综合评估	优点			
	需改进			
评审结果	总分：			

表头：××单位讲师认证评分表
选手姓名　　　　　评委

18.3.4　讲师聘任

通过讲师认证委员会的评审后，培训管理者需通过官方平台下发讲师的聘任文件。一方面，规范讲师的级别，统一其他部门使用某位讲师时的课酬标准；另一方面，让内部讲师"持证上岗"，这是对他们在专业领域的"老师"身份的认可，可以有效激发培训师的积极性和荣誉感。培训管理者可以通过以下两个途径进行讲师聘任：

1. 常规认证：在认证工作结束后 1 个月内，发布聘任文件对讲师进行正式聘用。人力资源部建立内部讲师台账（见表 18-6）备案讲师聘任信息，同时对内部讲师进行统一编号管理。内部讲师聘期为 2 年，聘期结束后需提出续聘或晋级申请。

2. 破格晋级：在对外活动中取得优秀奖及以上荣誉的各级内部讲师，在公司内部各类讲师比赛、讲师选拔活动中取得三等奖及以上荣誉的中、初级讲师，可破格晋级。

表 18-6　内部讲师台账

序号	讲师聘书编号	讲师姓名	职级	讲师级别	认证时间	讲师所在系统	认证课程	擅长领域
1								
2								

18.3.5　讲师应用

内部讲师的培养只是完成了讲师管理的第一步，更重要的是如何盘活现有讲师，杜绝"僵尸讲师"的出现。

1. 建立讲师库

建立企业内部讲师库，针对讲师的特点以及掌握的知识领域，对讲师库里的讲师进行盘点分类，对不同类别的讲师制订差异化的培训实施计划。

2. 授课准备

（1）讲师包装

在内部讲师授课前，需要进行关于其资历、工作经验等相关基本信息的介绍，介绍模式采用"主讲课程+工作履历+授课成果+授课风格"。培训部门可以设计企业讲师品牌LOGO和品牌项目，利用多媒体渠道，对讲师形象和课程介绍进行包装宣传。

（2）课程策划

对内部讲师授课内容进行横向及纵向课程规划。近期课程以讲师熟悉知识内容的广度为基础进行课程开发设计，横向进行规划；长期课程以讲师所研究知识内容的深度挖掘为基本点，进行远景规划。

（3）宣传营销

在应用内部讲师时，借用公司权威机构平台，在OA上发布培训通知，有效利用宣传平台，使用海报、电子屏、易拉宝、宣传片、新闻等拓宽宣传途径，可以在公司微信公众号、社区平台制作H5进行推送消息，扩大培训影响力。

（4）授课执行

①课程的掌控

讲师在运用授课手法的同时，要营造积极的课堂气氛，根据现场学员的需求，有能力的讲师可在课堂休息期间对课件进行微调。

②器械的使用

在讲师授课期间，有效地使用录音、录像，记录讲师授课过程。

（5）课后总结评估

①发放感谢信

对授课讲师及其直管领导发放感谢信，鼓励讲师继续努力，感谢讲师的领导对培训工作的关心和支持。

②发放课程改进意见

根据授课效果评价，总结讲师授课表现，提出需要改进点。

③兑现课酬费用

根据培训反馈情况，对应内部讲师的级别，兑现相应级别的课酬费用。

3. 讲师授课任务

培训部门要与讲师所在部门及其直管领导协调沟通，在必要时给予帮助和监督，以保证内部讲师对培训工作的必要投入。

（1）授课安排

①点单式

定期公布内部讲师及其主打的精品课程，各部门可根据工作需要进行点单式邀约培训，邀约双方的时间由培训部进行协调与安排。

②排课式

培训部门根据年度培训计划统一安排内部讲师的授课计划，包括公开课计划、跨单位授课计划、新员工入职培训计划，内部讲师有义务遵照执行，培训部定期抽查、评估与跟踪。

③混合式

培训部门要把各个部门内部讲师的培训开发课程纳入整个培训计划中予以统筹安排。对于那些点单式邀约较多的课程，列入公司公开课计划，加以推广，扩大受训对象。

（2）讲师授课反馈

①流程示意图

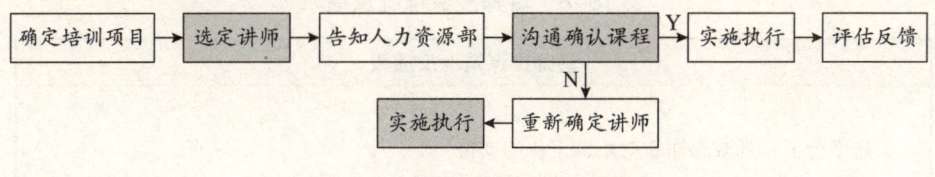

确定培训项目 → 选定讲师 → 告知人力资源部 → 沟通确认课程 →Y→ 实施执行 → 评估反馈
                                                ↓N
                              实施执行 ← 重新确定讲师

图 18-3　讲师授课流程示意图

②反馈节点

第一，各单位根据培训项目的重要程度，需提前 5—18 天通知内部讲师并沟通课程需求，填写《申请授课审批单》，见表 18-7。

表 18-7　申请授课审批单

申请授课审批单	
×××： 　　×× 单位很荣幸地邀请您为 ×× 部门于 ×× 月 ×× 日进行培训。	
培训组织单位领导签字：	

续表

申请授课审批单
授课申请回执
培训时间：　　　年　　　月　　　日　　　时　　　分 培训课程： 培训所需设备： □投影仪　　□电脑　　□白板及白板笔　　□大白纸　　□激光笔　　□翻页器 □其他 讲师课酬发放： □发放单位： □课酬标准：　　　元/小时
受聘讲师直管领导签字：
受聘讲师所在单位培训负责人签字：

第二，内部讲师授课结束后，由培训组织者填写《讲师授课情况反馈表》（见表18-8）及培训满意度调查表、签到表等其他见证性材料，反馈给讲师所在单位人力资源部及其本人，用于讲师课酬发放与后期管理。

表18-8　讲师授课情况反馈表

讲师授课情况反馈表		
： 您辛苦了，真诚感谢您对培训工作的支持！ 您于　　　年　　　月　　　日为　　　　　培训班讲授的课程，授课时数为　　　小时，截至目前您在我单位累计授课时数为　　　小时。教师酬金情况如下： 本次课程酬金：　　　元		
针对您所讲授的课程我们进行了效果评估，评估结果如下：		
调查问卷相关项目	标准得分	实际得分
合计：(满分100分)		
优点		需要改进和提高方面
培训组织单位：　　　年　　　月　　　日		

18.3.6 讲师评价

对内部讲师进行评价,目的不仅在于让内部讲师认真准备,提高培训技巧,更在于帮助他们提高培训质量,这样不但有利于内部讲师在企业的职业发展,而且有利于提高企业内部培训的实际效果。

1. 讲师职能职责

(1)内部讲师需定期开发及维护所讲课程,及时更新相关数据及具有时效性的信息。

(2)内部讲师需要不断学习,消化外部培训课程,提高讲授水平。

(3)内部讲师不能推脱或无故缺席,若有特殊原因,应提前做好安排。

(4)内部讲师负责参与公司年度培训需求调查、培训计划的制订及年度培训效果评估、总结等工作,对培训方法、课程内容等提出改进建议,协助培训部完善公司培训体系。

(5)保密管理:内部讲师不得以任何形式泄露公司涉密课件、数据、流程、工艺等内容。

2. 讲师评价标准

企业可以定期或年度对内部讲师进行考核评价,根据授课效果、授课时数、课程开发、教学质量四方面进行综合评定,考核结果分为优秀、良好、合格、不合格四个等级。讲师授课任务与评价标准可如表18-9与表18-10安排:

表18-9 不同级别的讲师授课任务

聘任级别	职　责	年授课时数（小时）	开发课程标准（门/年）
特聘讲师	主要承担中、高层干部培训任务	≥16	1
高级讲师	主要承担基层管理人员培训任务	≥18	1
中级讲师	主要承担基层骨干、普通员工培训任务	≥24	2
初级讲师	主要承担新员工、产业工人培训任务	≥32	2

表 18-10　讲师评价标准

考核项目	权重	考核说明
授课效果	30%	每次授课评估结果平均得分
授课时数	30%	以年度累计授课时数为依据，年授课时数全部完成即得满分，每缺少 4 小时扣 2 分，每超过 4 小时加 1 分，加分最高为 10 分
课程开发	18%	年度课程开发任务全部完成得满分，缺 1 门扣 3 分，超额 1 门课且实际授课效果良好或优秀者可加 3 分，加分最高为 6 分
教案质量	18%	从教案的标准性、实用性、严谨性及提供教案的及时性四个方面进行考核，其中每一项各占该项的 25%
合理化建议		加分项：对培训工作提出合理化建议并被采纳后可加分，最高可加 10 分
备注		考核结果：90 分以上为优秀，75—89 分为良好，60—74 分为合格，59 分及以下为不合格

3. 讲师年度评价结果应用

可以规定中高层管理者必须担任内部讲师，将为下属及其他同事授课作为管理者的岗位职责之一，同时将其培训工作情况纳入绩效考核的范畴，还可将担任内部讲师作为职位晋升的前提条件，从制度上保证中高层管理者必须担任内部讲师。

讲师授课情况应由讲师所在单位人力资源部反馈至讲师本人及讲师直管领导，让其支持讲师授课，并送至干部考评责任单位作为年度干部考评加分项。

4. 讲师的晋级、降级及退出

对内部讲师进行年度考核，第一年度考核结果为优秀的人员进入后备讲师库重点跟踪培养，并承担课程开发工作，次年参加公司统一的组织讲师认证或课程认证活动，经考评合格后晋级。对授课任务较少、技能有待提升的讲师，考核结果将不合格，需要予以降级，降级或自动退出的人员如需再次加入仍需参加培养与认证。管理者不履行内部讲师的职责也将面临降职。

18.3.7 讲师激励

众所周知，很多内部讲师都是兼职的，这就对他们的体力和精力有更高的要求。因此，有必要采取一些措施来激发他们的积极性和主动性。

1. 物质激励

对于内部讲师，建立内部讲师的评级制度，按照讲课质量、培训时长、自身业绩、行政级别等，将讲师分为初级讲师、中级讲师、高级讲师、资深/特聘讲师，并授予资格证。每个讲师级别的待遇不同，通过逐级晋升讲师级别来达到激励其不断突破自我、开发新的培训内容的目的。

（1）培训课酬发放

根据讲师的认证级别来定，并综合考虑培训的影响力，区分出部门外授课和部门内授课。同时，设置课程考核系数，以体现培训效果的差别。比如，课程评估为优秀的，乘以1.1系数；评估为良好的，乘以1.0系数；评估为一般的，乘以0.8系数；评估为较差的，不兑现授课费。

表18-11 培训课酬标准

讲师级别	部门外授课（元/小时）	部门内授课（元/小时）
高级讲师		
中级讲师		
初级讲师		

（2）团队活动、培训机会

为了激励讲师的主动性，可以建立讲师授课积分制，针对积分前10%的讲师给予外出培训、赠送图书卡等激励措施，既起到了激励的作用，也提高了讲师的授课水平和知识宽度。

2. 精神激励

合理的激励制度，不仅仅是物质激励，更重要的是讲师成就感和荣誉感的满足。

（1）建立内部讲师的职业发展通道

讲师的个人晋升与职业发展应成为讲师激励最主要的手段之一。企业可以建立制度，规定担任内部讲师并通过一定考核标准后直接享有内部晋升与职业发展的优先权。也就是说，内部讲师如果进入与本职相关的工作人才池，当有晋升职位时，内部讲师享有优先权，这样有助于激发员工做内部讲师的驱动力。对企业而言，也缩短了选拔人才的时间，提高了人才选拔的效率和准确率。

（2）讲师的内部营销

讲师的内部营销，有助于激发内部讲师授课的热情。每年举行规模盛大的讲师培养班、讲师大赛等活动，深入活跃讲师团队的文化氛围，通过企业高层和外部专家参与的讲师项目启动大会和讲师大赛，以及对项目成果、优秀讲师个人进行包装推广，开展优秀讲师巡讲活动，通过企业内部报纸媒介、专门针对企业内部讲师的微信公众号进行专题策划与撰写，让讲师有荣誉感。可设计讲师专属的宣传海报，录制介绍讲师从业履历的小视频。

同时，每年定期（如教师节）向讲师们发放荣誉或资格证书、节日贺卡等小礼品、祝福邮件。内部讲师的口碑营销可以使公司从高层到基层员工都能看到内部讲师的快速成长、风采和成果，能帮助讲师本人搭建个人人脉、产生影响力，从而吸引更多人加入讲师队伍中。

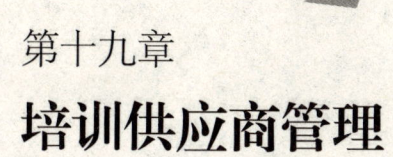

第十九章
培训供应商管理

19.1 什么是培训供应商

企业将自身的培训相关工作委托给外部组织协作完成，并支付相应服务费用，被委托的组织即为培训供应商。培训供应商提供的产品就是培训服务，包括培训方案策划、讲师、课程等。

19.2 如何管理培训供应商

通常业务部门向培训主管提出一个外部培训需求的时候，往往并无具有明确意向的培训公司，而市场上的培训公司种类纷繁复杂，有负责领导力的，有负责讲师培养的，也有综合类的培训公司。企业进行供应商管理，将供应商分类分级进行管理，定期对供应商做出评价，有利于培训主管快速找到适合的培训课程，满足业务部门的培训需要。培训供应商管理的业务及流程，主要包括以下几个方面（如图 19-1 所示）：

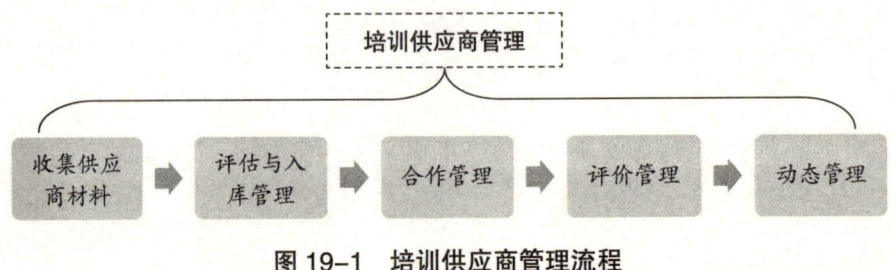

图 19-1 培训供应商管理流程

19.2.1 如何收集并整理供应商信息

当我们初次跟供应商电话沟通时，可以从表19-1中的维度了解供应商，通过供应商提供的材料初步判断是否符合培训需求。

表 19-1　供应商信息整理表

序号	供应商名称	课程清单	课程大纲	代表讲师	合作企业	承办项目

从课程和代表讲师可以看出供应商的实力，一般我们会选择在本行业中具有丰富实战经验的讲师进行合作，课程清单可以看出是否符合业务部门的培训需求；对于合作企业和承办项目，与同行业合作越多的供应商，越有吸引力。

19.2.2 如何对供应商进行入库管理

1. 培训供应商的分类目的

企业可结合实际需求，进行企业内部供应商管理的标准设计。通过标准化的评价，对供应商进行分类管理，以便公司有侧重地选择适合的供应商提供服务，提高培训的针对性和有效性。通过培训供应商在实际合作过程中表现出来的能力水平甄别培训供应商的合作质量，建立优质供应商资源库，剔除劣质供应商，为以后的合作选择提供参考依据。

2. 培训供应商分级原则

培训供应商分为三星、二星、一星三个级别。三星为最高，即合作质量最高的供应商。分级主要参考项目评估结果，有多次合作的供应商年度级别定为每次合作分数的平均值。

3. 各类供应商分类定义

A 类供应商——战略伙伴型：供应商能力卓越，所擅长领域及拥有的先进技术方法能有效支撑公司培训人才核心竞争力。该类供应商与企业发展的业务/职能战略具有相关性。

B 类供应商——项目合作型：供应商具有知名客户，项目经验丰富，能有效满足现阶段公司各类人才队伍培养需求以及相关专业领域的能力提升。该类供应商在培训内容、技术服务上重要性较高。

C 类供应商——课程提供型：供应商提供的课程，能较好地满足现阶段企业培训需求。该类供应商可提供对企业发展重要性较低的零散课程、师资，可以通过竞价方式降低总体培训成本。

4. 外部培训供应商的分类标准

从机构基本情况、讲师队伍、成功案例三个方面进行打分，分值在 90 分以上的为 A 类供应商，分值在 80—89 分的为 B 类供应商，分值在 70—79 分的为 C 类供应商。分值低于 70 分的不得进入供应商资源库。详细评分标准见表19-2。

表 19-2　培训供应商评分标准

评价项目		说　明	分值比重	评价
培训供应商情况	供应商资质	资质越好（咨询行业背景、国际化背景、行业知名度、美誉度等），分数越高	10%	
	擅长领域	擅长领域越多，运行时间越长，分数越高	10%	
	课程体系	课程体系的丰富性越好，分数越高，课程开展时间越长，说明课程越成熟，相应分数应该越高	15%	
	流程设计	是否有课前分析，课后效果评估以及培训后的跟进	5%	
	专业服务团队	专业服务团队人数越多，提供的服务越专业，分数越高	5%	

续表

评价项目		说　明	分值比重	评价
讲师情况	课程研发团队	课程研发团队人数越多，资质越强，分数越高	5%	
	讲师团队	专职讲师越多越好，专职兼职讲师比越高，相应分数越高	15%	
	金牌讲师	金牌讲师数量越多，业内口碑越好，头衔及以往经验越多，相应分数越高	5%	
成功案例	服务客户	客户数量越多，500强公司越多，分数越高	5%	
	客户相关性及项目质量	制造行业客户越多，分数越高，参与项目质量及数量越多分数越高	5%	
	客户回访情况	如果不能配合做客户回访，该分数为零；客户回访反馈越好，分数越高	5%	
试听反馈		反馈越好，分数越高	5%	
费用		费用越低，分数越高（只在合作时参考，不做入库限制）	10%	
总分			100%	

5. 供应商入库台账

建立企业内部使用的供应商台账，方便各部门进行外部培训时参考使用，如表19-3所示。

表19-3　供应商入库台账

序号	供应商名称	供应商级别	入库时间	可提供的产品与服务	代表讲师	服务类别（通用类/管理类/研发类/营销类……）	联系人	联系电话	擅长领域	基本情况

19.2.3 如何对供应商进行评价管理

1. 培训供应商的分级评价

对于正在合作的培训供应商，需要依据标准进行分级，以区别这些供应商在实际合作过程中表现出来的能力水平，分级的结果将成为未来供应商选择的主要参考。项目经理依据评价结果将合作的供应商按星级分成一星、二星和三星。在对供应商进行分级评估时需要参考供应商问题与供应商评级的衔接关系：

出现 A 类问题，本年度的供应商评级在原有星级水平基础上降一级，年度内累计发生 2 次或 2 次以上的，停止与该供应商一年的合作；

出现 B 类问题，采取补救措施的可不予考评分级。未采取补救措施累计 2 次及 2 次以上的，供应商评级在原有星级水平基础上降一级，并停止与该供应商半年的合作；

出现 C 类问题，供应商做改进和调整的可不予考评分级。累计出现 3 次或 3 次以上 C 类问题且未作改进调整的，供应商评级不能高于原有星级水平。

2. 合作效果评估

培训需求部门和外部培训供应商根据合同约定的内容准备培训资源并组织人员实施培训。在培训活动实施的过程中及项目结束后，对项目执行情况进行打分，依据打分结果对供应商评级。

表 19-4 供应商评价打分表

序号	评估项目	评估人	分值（满分）	评分标准说明 最低分	评分标准说明 最高分
1	学员满意度	学员	20	满意度 < 2	满意度 > 4
2	课前需求调研深度	项目经理	5	不做课前调研	通过各种方式对不同对象的深入沟通，了解实际业务对培训的特定需求

续表

序号	评估项目	评估人	分值（满分）	评分标准说明 最低分	评分标准说明 最高分
3	培训方案质量	项目经理	10	仅提供标准模板的培训方案	根据课前需求调研设计定制的方案，包括内容和案例的设计等
4	讲师风格、能力、技巧	项目经理	15	专业能力较差，缺乏授课技巧，授课死板	能在授课过程中充分显现和分享个人在专业上的丰富经验，且有丰富的授课技巧与经验，受学员欢迎
5	协助组织培训实施能力	项目经理	5	无协助组织人员	协助组织工作专业，人员充足，且能给予合理建议并实施
6	合同/方案执行力度	项目经理	10	无特殊情况下违背合同/方案的实施方法、时间、讲师人选等	完全按照合同规定实施，执行水准专业，操作灵活，能够处理突发情况，按计划实施
7	售后服务满意度	项目经理	10	无任何课后的反馈与追踪	提供及时主动有价值的课后反馈与学员追踪服务
8	培训风险控制	项目经理	5	无任何训前风险提醒与控制措施	预测培训风险，并提前告知措施
9	供应商忠诚度	项目经理	10	不能优先满足培训需求	优先满足企业培训需求并且积极提升培训质量
10	培训效果评估结果	项目经理	10	培训后没有效果	有三级以上效果评估且结果优秀

3. 培训供应商评级周期

每次培训项目结束后一周内，培训项目经理完成评估，A 类供应商的评估结果反馈至培训部，B 类及 C 类供应商评估结果计入统计表。每年年底对整年的合作供应商进行整体评估，评定年度级别，并将所有评估结果反馈至培训部。如出现不同评估方对同一供应商评估结果不一致的情况，则由培训部门出面组织评估方进行讨论，得出一致的结论。

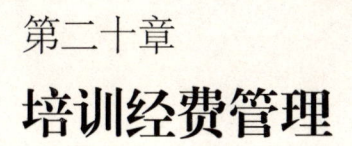

第二十章
培训经费管理

20.1 什么是培训经费

培训经费在企业中也被称为职工教育经费,是指企业按工资总额的一定比例提取并用于职工教育的一项费用,是企业为职工学习岗位技能和提高自身素质水平而支付的费用。培训经费可以用于上岗和转岗培训、各类岗位适应性培训、岗位培训、职业技术等级培训、高技能人才培训、企业组织的职工外送培训、职工参加的职业技能鉴定、购置教学设备与设施等。

管理培训经费可以了解和掌握各部门培训经费的提取和使用情况,实现培训经费有效利用的最佳途径就是统一管理培训经费。管理培训经费可以提高经费使用效益,保障公司员工培训工作的顺利进行。

20.2 培训经费业务架构

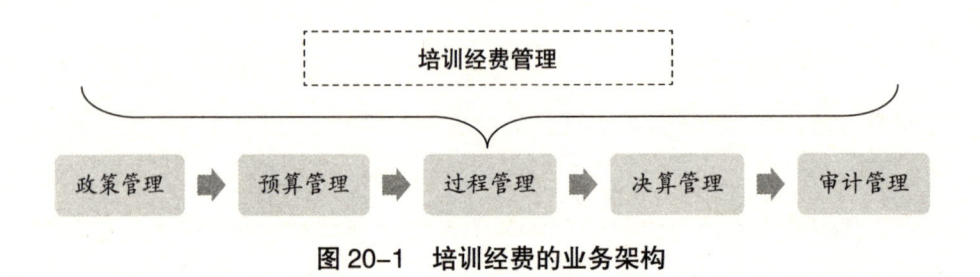

图 20-1 培训经费的业务架构

20.3 有效管理培训经费

20.3.1 培训经费预算管理

1. 预算编制的时间

培训经费预算编制工作的启动一般在每年第四季度，此项工作应与人力资源年度计划、培训计划编制工作同步进行，一般要经过 3 个月左右的需求调查与预算编制评审，培训部门应于 12 月底前完成培训经费预算编制工作，并随年度培训计划一并下发。

2. 预算编制的方法

（1）按计提总额分解预算法

以教育经费计提总额作为参考，按照公司管控模式、法人主体、业务发展阶段、员工培训的特点来预算公司和下级单位预算比例及费用余额。

（2）按人头费用标准预算法

依据不同人员层次及数量、不同部门类型，参考往年数据确定人均培训经费额度，加权得出部门预算总额度，在总额度范围内由部门进行培训计划及预算的最终制订。

（3）按人员类别计提预算法

按照人员类别，如管理人员、专业技术人员、国内营销人员、技能工人、海外营销人员等进行划分，再结合企业业务特点和培训关注重点确定各类人员经费投入比例，作为培训预算编制的参照，如公司处在制造业的要重点向一线操作技能工人倾斜，公司处在 IT 互联网行业的要重点向技术开发人员倾斜等。

（4）按参考线预算法

公司根据历年教育经费决算结果，制定各类人员、培训项目的预算参考线，各部门按照此参考线进行经费预算，作为各部门经费预算的参照。例如，公司根据历年经验规定中基层管理人员外聘讲师培训单天费用不超过 1.5 万元，中层管理人员外聘讲师培训单天费用不超过 2 万元，新入职技能工人外聘讲师培训单天费用不超过 1 万元等。

（5）按培训内容重要度逐级评审法

根据各部门提报项目重要度，按照业务发展重点、新业务、培训对象紧急程度等因素进行预算，对于重要度低但培训预算投入较高的项目进行预算调减。

3. 预算编制的流程

（1）预算编制流程图

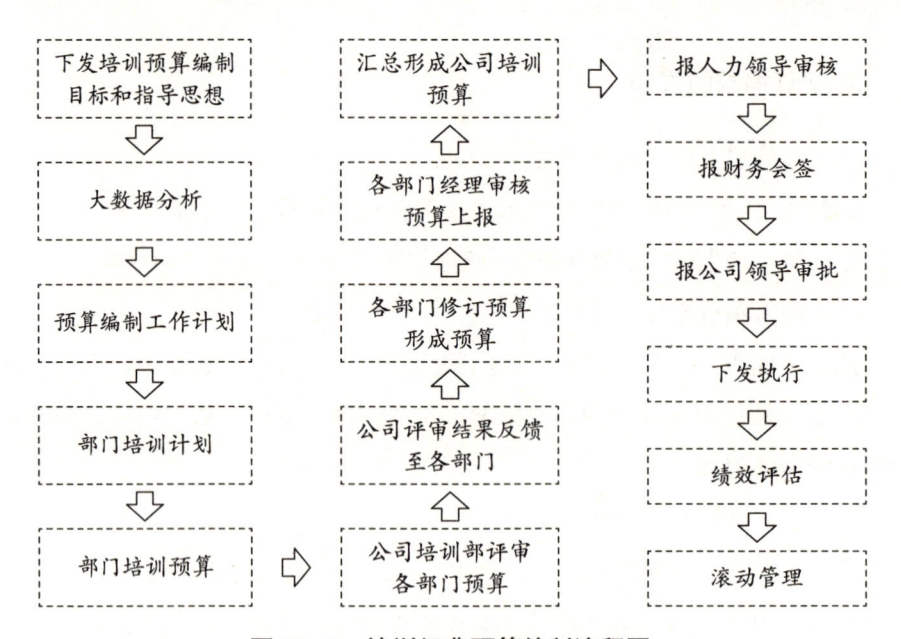

图 20-2　培训经费预算编制流程图

（2）培训经费预算相关模板

按照培训预算的分单位、分人员层级、分项目预算的管理原则，培训经费预算模板如下。

①按单位预算汇总模板，主要用于公司对不同下级单位经费预算的管理，

通过汇总评审分析确定哪些单位应加强，哪些单位应弱化。

表 20-1　培训经费预算表（按单位）

内容\单位	当年经费情况		下一年经费预算		差异分析						备注
^	年度计提经费	年度实际发生	年度计提经费	年度经费预算	计提经费同比		预算经费同比		下一年预算与当年实际比		^
^	^	^	^	^	差值	差幅(%)	差值	差幅(%)	差值	差幅(%)	^
单位1											
……											
合计											

②按人员类别预算模板，主要用于公司对不同类别人员经费预算的管理，通过汇总评审分析，重点明确哪个层级的人员是下一年重点加强培训的对象。

表 20-2　培训经费预算表（按人员类别）

人员类别（分层次）	内容	当年经费实际发生情况			下一年经费预算情况			差异分析		
^	^	年度总额	年人均额	占总量比(%)	年度总额	年人均额	占总量比(%)	年度总额	年人均额	占总量比(%)
管理人员	高层									
^	中层									
^	基层									
^	小计									
合计										

③按培训项目预算模板，主要用于公司对不同项目经费预算的管理，通过汇总评审分析，明确哪些项目是下一年重点培训的项目和公司未来人才发展与知识技术创新的重点。

表 20-3　培训经费预算表（按培训项目）

培训项目＼内容	项目类型	主要内容概述	培训对象	参加人数	预算金额	人均费用	实施单位	备注
项目1								
……								
合计								

（3）培训经费预算的评审

各级预算单位按照公司的预算编制原则、流程、目标，组织编制完成本单位年度培训经费预算并进行逐级评审后报公司总部，公司总部人力部门依据费用总量通过控制、投入业务人群比例、项目重要度等维度对各级单位经费预算进行系统评审，最终形成公司培训预算初稿，与财务部门进行沟通评审后，形成培训经费预算提交公司级会议评审，经评审通过后下发各下级单位。

20.3.2　培训经费过程管理

1. 培训经费使用范围

教育经费使用范围包括项目性培训和日常性培训，其中不包括培训过程中发生的差旅费和食宿费。

表 20-4　教育经费使用范围

培训类别	
项目性培训	集团统一组织脱岗培训班
	集团统一组织在岗培训班
	集团统一组织的学历教育
	集团统一要求的岗位取证及年审
	集团统一组织的出国培训
	集团统一组织的各类竞赛前的报名、培训
	特殊工种/岗位取证、年审
	技能鉴定费用
	新员工入职综合培训

续表

日常性培训费用	外派的短期培训
	外聘讲师酬金
	内部兼职讲师授课费
	购置图书及教材费用
	培训相关资料印刷费用
	培训场地租赁费
	购置教学设备
	课件开发、阅卷费用

2. 培训经费使用及审计

人力资源部定期对各部门培训经费使用情况进行统计，口径需要与财务部门统一。定期统计培训经费使用情况，有利于及时调整培训方向，监督各部门培训开展，实时对快超出培训经费预算的部门提出警示。

表20-5　培训经费使用情况

序号	培训项目	培训日期	培训部门	培训费用	剩余经费（百分比）
		合计			

人力资源部将控制总部各职能部门教育经费使用情况，各职能部门教育经费发生后必须在人力资源部备案后方可报销，未经人力资源部核实费用，总部财务会计科有权拒绝入账报销；各事业部培训归口管理部门将对本事业部教育经费使用情况进行实时监控，费用发生后必须在各事业部培训归口管理部门登记入账，财务部门方可报销。

人力资源部将每季度对各单位教育经费使用进行审计，审计的项目为：教育经费决算是否在预算范围内，列支项目是否符合教育经费列支范围，是否建立了完整的统计台账等。

20.3.3 培训经费决算管理

1. 培训经费决算分析模板

新一年度的预算建立在对往年决算的充分分析基础之上。只有通过对往年分单位、分项目、分人员类别发生的费用情况进行分析，才能为新一年度的费用预算提供数据参考。培训经费决算模板如表 20-6、表 20-7、表 20-8 所示。

表 20-6　培训经费决算表（按单位）

内容 单位	当年经费情况			差异分析				备注
	年度计提经费	年度经费预算	年度实际发生	实际发生与计提经费比		实际发生与预算经费比		
				余额	差幅（%）	余额	差幅（%）	
单位 1								
……								
合计								

表 20-7　培训经费决算表（按人员类别）

人员类别 （分层次）	内容	培训经费预算	实际发生	差异		占总费用比例（%）	原因说明
				余额	差幅（%）		
管理干部	高层						
	中层						
	基层						
	小计						
营销业务人员	高层						
	中层						
	基层						
	小计						

续表

人员类别 （分层次）	内容	培训经费预算	实际发生	差异 余额	差异 差幅（%）	占总费用比例（%）	原因说明
专业技术人员	专家						
	高级专员						
	专员及以下						
	小计						
技能工人	高级技师						
	技师						
	技工						
	小计						
合计							

表 20-8　培训经费决算表（按培训项目）

培训项目 \ 内容	培训经费预算	实际发生	节余情况 余额	节余情况 差幅（%）	原因说明
项目 1					
……					
合计					

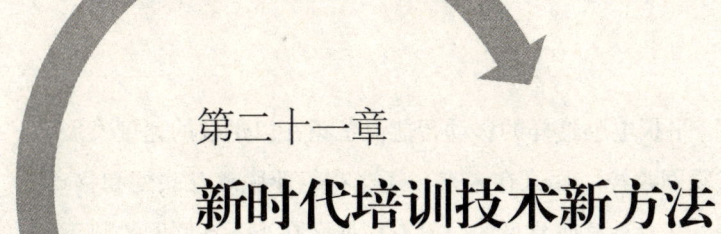

第二十一章
新时代培训技术新方法

现今，智能手机、平板电脑这样的移动智能设备正在以迅猛的速度发展，未来世界将被移动互联网掌控。那么在未来，还会有行业脱离互联网和移动互联网而独立存在吗？答案是显而易见的，没有！那么在当下互联网趋势下，培训工作应该如何借助互联网科技手段提高培训的有效性，则是值得我们思考的问题。

21.1 新时代的培训新发展

互联网从一出现就开始迅速发展。现在人们的生活中，可以随处看到互联网的影子，未来的世界必然是互联网的世界。移动互联网已经成为互联网的新宠，企业就要在这种新趋势下，把握机会快速转型，方能获得快速的发展。在如今的移动互联网趋势下，培训业务又呈现哪些新特征？培训要如何实现"互联网＋培训"的有机融合？让我们在互联网的特性下，一起去畅想培训模式的改变。

21.1.1 何为互联网思维

互联网思维就是在（移动）互联网、大数据和云计算等科技不断发展的背景下，对市场、用户、产品、企业价值链乃至整个商业生态进行重新审视的思考方式。从另一种角度看，互联网思维其实就是一种工具，能让我们用新的思维方式来反思和工作。传统企业的培训结果往往是"高大上、听不懂"，而互联网企业追求"接地气、讲干货、说人话"。互联网思维催生了种种堪称简单粗暴的方式，却往往能直击用户内心深处。

21.1.2　新培训能力的新运用

传统的培训要求至少具备三种能力：讲课的能力、开发课程的能力和培训运营管理的能力。在如今移动互联网趋势下，我们可以运用哪些新工具、新方法"玩转"传统培训呢？第一是社群运营能力，即会不会让粉丝玩起来；第二是多媒体制作能力，让培训的内容成为可听、可视化的声光电合一的产品；第三是爆点营销，即会不会引爆一个问题，如"爆款"就能招人气，让客流量上来，而且让人不自觉地去传播。现在有一句话叫"饭前不拍照，臣妾做不到"。不是只有来吃饭的才叫用户，真正的用户是还没吃就先把照片传出去的人，朋友圈里有一百个人觉得这个店挺好，下回也要去，一个带一百个，这种用户才是真正的用户。

21.1.3　定制化向平台化发展

定制化软件的三大痛点在于价格昂贵、界面不友好、学员不愿用。而学习平台模式，让免费资源可以交互性利用，学员可以像在社交网站一样分享、交流，有效地解决了定制化软件的软肋。PC端与移动端的结合与移动互联网的发展直接影响企业员工的学习模式，用手机等移动端进行阅读、分享、观看微视频成了新一代人学习的潮流。但这并不会取代PC端上的学习，两者将长期共存于企业培训管理模式中。企业内部资源与外部资源结合互联网平台，让任何一家中小企业都有机会接触世界上最前沿的行业资讯，这也加速了企业内部资源和外部资源的融合，互相借鉴，取其精华，去伪存真。

21.1.4　线上线下培训一站式

尽管在线学习成为培训市场极受青睐的"大蛋糕"，但在企业培训中，线下培训仍然是占据主导地位的。因此，企业必须兼顾线上培训与线下培训的平衡。这就对企业培训管理提出了更高的要求，在线学习平台使得企业线上、线下培训一站式管理成为可能。员工能力管理、学力管理贯穿个人整个职业生涯，学习是自己的事情，每一个人都应该为自己的能力负责。企业提供的学习培训是基于业务的，每一个员工自身的能力管理和学力管理终身相伴，这将催生出针对个人的专门学习平台的建立，平台将为个人建立独立的账户，不随着离职、跳槽而消失，而是个人身份的重要凭证，贯穿个人整个职业生涯。

21.1.5　培训课程更加个性化

培训课程的个性化是指通过以内容为中心的个性化设计与开发，进而形成自己的定位和特色。随着培训市场竞争的日趋激烈，培训机构普遍觉得生存压力加大，在这种情况下，谁能另辟蹊径，谁就能争取到新的商机。于是，个性化培训渐成主流。

英语培训市场出现了按行业划分的细分，如"汽车英语""金融英语""贸易英语"等；IT培训市场开始分化为"白领培训"和"蓝领培训"两大阵营；CEO培训则出现了针对女性CEO、CEO太太的培训项目；企业内训分为管理培训、项目管理培训、销售培训、技术培训等。培训项目、课程越来越个性化的发展趋势预示：差异化竞争态势已经开始形成，培训市场细分天下的时代已经来临。就目前的发展态势观之，差异化竞争之路可以通过课程设置等手段来实现。随着个性化课程的逐渐完善和教学质量的进一步提高，逐渐打破培训机构之间的同质化竞争格局。突出实战性，从课程的设计到培训过程，都尽量让其具有良好的实用价值和针对性，更符合学员的个性化需求。

21.1.6　培训学习碎片化思维

通过对学习内容的分割整理，形成一个个可以快速灵活学习的小单元，方便人们利用零散的时间进行学习，这就是碎片化的学习方式。企业碎片化学习的产生和发展除了因为时间有限外，快节奏的工作使人们对知识的需求变得快节奏也是一个重要原因。人们需要用最短的时间发现信息、学会方法、找到答案。换言之，碎片化学习需要提供一种快速响应的学习体验，就仿佛我们使用百度一类的搜索引擎一样，输入问题，很快就能得到相关的答案。

IDC（互联网数据中心）的一项调查统计显示，知识型工作者要花 25% 的工作时间搜索信息，应对难题时，用来搜索问题解决方法的时间可能会更长。意识到这一点的企业开始尝试节省搜索时间的方法。例如，有的企业会建立企业 Youtube 视频库，员工在遇到工作上的问题时，可以去视频库里寻找相对应的资料，尽可能便捷地解决问题。为即用即学、按需而学的学习需求提供优质快速的响应，也是碎片化学习产品未来的一个重要发展方向。

21.2 新时代培训的新转变

花大价钱让员工参加培训，前提是假定员工都是热爱学习的，都是自我驱动型学习者——只要内容好，员工就会去主动学，因为每个人都愿意在有价值的事情上花费时间和精力。但事实果真如此吗？

调查可能要让有这类想法的老板们失望了。调查显示：主流学习者已经从自我驱动型转向了即用即学型。尽管学习有价值，但移动时代的学习者缺乏耐心，不愿意花太多时间，只有遇到问题才会去寻找解决的方法，并且希望找到现成的答案。

相比花上一整段时间进行在线学习（E-Learning），人们更愿意掏出手机，随便翻翻。智能手机上的移动学习，恰好是"即用即学者"的最佳选择。学习者的惰性、不主动、没时间等原因，使得传统的 E-Learning 面临参与度不够的窘境。而移动学习因为方便携带，永远在线，再加上其碎片化内容和主动推送，强化了学习者的学习意愿。

21.2.1 从客户体验场景入手

客户体验是个热词。从狭义说，是请用户试用一个产品或服务，以获得用户使用产品或服务的感受；从广义上说，是贯穿整个生命周期，从设计、销售到使用，由客户参与创造和使用的互动过程。服务行业中实现客户满意的途径主要依赖于建立良好的客户体验。而培训作为一种典型的服务，关注客户体验是让客户满意的唯一途径，培训质量管理的焦点是达成良好的客户体验。

要在培训过程中达成良好的客户体验，关键在于通过学员愉快的学习过程来提升学员的个体技能和为客户企业建立组织能力奠定基础两个方面，这也是客户价值的核心。愉快学习要落实在学员可以见到、体验到的方方面面，主要有以下三点：一是充分尊重学员已有的知识基础，认定其能做到课上的要求，只是这方面的能力是潜在的，这样的能力只需要释放出来，初、中级课上所讲的知识、技能本身不构成学员学习的关键障碍；二是尊重学员的各种想法，相信这些想法本身都是有道理的，有的只是限于表述或讲师对背景理解不够；三是学习的全过程要争取做到各项配套服务需要用时已有，不必学员额外分心。做到这样几点，学员才可能最大限度地集中精力于学习本身，培训活动也就更容易开展。

21.2.2 学习O2O

培训效果不佳，是传统企业培训的顽疾。培训课程往往集中在几天之内，很难克服学习者的遗忘曲线，课后的学习效果也就不得而知。在移动互联趋势下，我们则可以利用这种新兴的O2O学时模式解决这个问题。

O2O即Online To Offline，也就是将线下商务的机会与互联网结合在一起，让互联网成为线下交易的前台。O2O模式在培训方面运用的模式是"翻转课堂"（The Flipped Classroom）。它与传统的老师讲学生听的模式完全不同，在"翻转课堂"里，学生在家提前完成学习，而课堂变成了学生讨论、解答疑惑、知识运用的场所。

在开课前，学员可以围绕课程在手机上预热讨论。他们会收到案例和预习材料，这些材料通常很短，直接向学员抛出一个挑战，例如，如何去搞定客户高层？再附上与话题相关的有趣视频，而不是老师上课的视频要点剪辑。在课堂结束后的一个月内，通过网络定期推送复习内容，在一个月后，还会进行复习内容掌握程度的测试。

"翻转课堂"是对基于印刷术的传统课堂教学结构与教学流程的彻底颠覆，由此将引发教师角色、课程模式、管理模式等一系列变革。"翻转课堂"有如下几个鲜明的特点：

1. 教学视频短小精悍

大多数的视频都只有几分钟的时间，比较长的视频也只有十几分钟。每一个视频都针对一个特定的问题，有较强的针对性，查找起来也比较方便。视频的长度控制在学生注意力能比较集中的时间范围内，符合学生的身心发展特征。

2. 教学信息清晰明确

"翻转课堂"有一个显著的特点，即在视频中唯一能够看到的就是讲师的手，不断地书写一些数学符号，并缓慢地填满整个屏幕。这是"翻转课堂"的教学视频与传统的教学录像的不同之处。视频中出现的教师头像以及教室里的各种物品摆设，都会分散学生的注意力，特别是在学生自主学习的情况下。

3. 重新建构学习流程

"翻转课堂"对学生的学习过程进行了重构。"信息传递"是学生在课前完成的，教师不仅提供视频，还可以提供在线的辅导；"吸收内化"是在课堂上通过互动来完成的，教师能够提前了解学生的学习困难，在课堂上给予有效的辅导，同学之间的相互交流更有助于促进学生知识的吸收内化。

4. 复习检测方便快捷

教学视频的另一个优点，就是便于学生一段时间学习之后的复习和巩固。评价技术的跟进，使得学生学习的相关环节能够得到实证性的资料，有利于教师真正了解学生。

21.2.3 玩转"微课"

"微课"是指为使学习者自主学习获得最佳效果，经过精心的信息化教学设计，以流媒体形式展示的围绕某个知识点或教学环节开展的简短、完整的教学活动。它的形式是自主学习，目的是达到最佳效果，设计是精心的信息化教学设计，形式是流媒体，内容是某个知识点或教学环节，时间是简短的，本质是完整的教学活动。因此，对于教师而言，最关键的是要从学生的角度去制作"微课"，而不是从教师的角度去制作，要体现以学生为本的教学思想。"微课"的主要特点有以下几点：

1. 教学时间较短

教学视频是"微课"的核心组成内容。根据学生的认知特点和学习规律，"微课"的时长一般为 5—8 分钟，最长不宜超过 10 分钟。因此，相对于传统的 40 或 45 分钟一节课的教学课例来说，"微课"可以称为"课例片段"或"微课例"。

2. 教学内容较少

相对于较宽泛的传统课堂，"微课"的问题聚集，主题突出，更适合教师的需要。"微课"主要是为了突出课堂教学中的某个学科知识点，或是反映课堂中的某个教学环节、教学主题的教与学活动，相对于传统一节课要完成复杂众多的教学内容，"微课"的内容更加精简，因此又可以称为"微课堂"。

3. 资源容量较小

从大小上来说，"微课"视频及配套辅助资源的总容量一般在几十兆，视频格式须是支持网络在线播放的流媒体格式（如 rm、wmv、flv 等），非常适合教师的观摩、评课、反思和研究。

4. 资源组成／结构／构成"情景化"，资源使用方便

"微课"选取的教学内容一般要求主题突出、指向明确、相对完整。它以教学视频片段为主线，"统整"教学设计（包括教案或学案）、课堂教学时使用的多媒体素材和课件、教师课后的教学反思、学生的反馈意见及学科专家的文字点评等相关教学资源，构成了一个主题鲜明、类型多样、结构紧凑的

"主题单元资源包",营造了一个真实的"微教学资源环境"。

5. 主题突出、内容具体

一个课程围绕一个主题,或者说一个课程一件事;研究的问题来源于教育教学具体实践中的具体问题,或是生活思考,或是教学反思,或是难点突破,或是重点强调,或是学习策略、教学方法、教育教学观点等具体的、真实的、自己或与同伴可以解决的问题。

6. 草根研究、趣味创作

正因为课程内容的微小,所以,人人都可以成为"微课"的研发者。

7. 成果简化、多样传播

"微课"的内容具体、主题突出,所以研究内容容易表达、研究成果容易转化;"微课"的容量微小、用时简短,所以传播形式多样(网上视频、手机传播、微博讨论等)。

8. 反馈及时、针对性强

由于在较短的时间内集中开展"无生上课"活动,"微课"教师能及时听到他人对自己教学行为的评价,获得反馈信息。

21.3　新时代的培训新模式

目前,在市场上引进国外的众多教学方法和模式,包括教练技术的各个流派、行动学习的各个流派及绩效改进技术等,这些都是很好的教学方法。同时,这些教学法也包括各种具体的操作方法和模型等工具,让大家眼花缭乱,那么这些教学法背后到底是什么呢?如何结合教学内容和学习者选择、配备最合适的教学法,以更好地促进学习、取得更好的学习效果呢?在选择和运用各种教学模式时,应注意以下几个原则:

第一，与学习内容相匹配。不管是教学方式、教学形式还是教学法，它们都是为内容服务的，因此，不一样的内容应该采取不一样的教学方法。实际上，教学法的确定不是在教学实施时才考虑的，而是在接到教学任务时就应该考虑。如果把教学内容形容为"钉子"，教学方法形容为"锤子"，从这个角度讲，面对各种各样的"钉子"，手里如果只有一把"锤子"会发生很多问题。

第二，与学习人员相适应。教学方法是为学习服务的，学员不同，采取的教学方式也应有所区别，这是以"学习者为中心"的基本体现。但有些新手讲师提一把"锤子"乱锤，结果出了很多问题。所以培训师必须掌握多种教学方法，并根据学员的状况做出针对性的调整。

第三，教学方法可操作性。教学模式和方法没有优劣之分、高低之分，一切都是以学习效果为目标依据。因此，培训师必须掌握讲授、引导、教练、互动、场控等各种方法和技术，真正做到技多不压身。

21.3.1 直导教学模式

1. 直导教学模式的含义

直导教学模式是最常见的教学模式，但是在不同的教学思想指导下，它又有着不同的含义和操作流程。传统的直导教学模式是老师通过口头语言直接向学习者描绘情境、叙述事实、解释概念、论证原理和明晰规律的教学方法。这是最基本的教学法，也是传统教学法中最经典的一种教学法，体现了以"老师为主体"的特征。那么，对于那些结构不清楚、流程又不规范的课堂内容就不太适合用直导教学模式。所谓一把钥匙开一把锁，只有直导教学模式一种方法是不够的，还需要另外的教学法。

2. 直导教学模式的特点

首先，直导教学模式下的学习内容和知识结构是良好的，是具有成熟的标准和规范的结构的，是相对比较规范的知识和技能。例如，培训中常见的一些通用课程：沟通、管理、团队、礼仪、职业化等，以及企业内部的文化、制度、职责要求等，都很适用这种教学法。其次，这种教学模式流程清楚，由于其知识结构是标准化和规范化的，那么根据这些内容设计的教学流程也就相对清楚和简单；因为知识的结构是规范化的，操作的流程也是标准化的，所以教学过程就更容易推进，也可以更快和更好地完成教学目标，所以其具有效率高的特点。最后，因该教学模式遵循了最简单的原则，即学习者在老师提供的标准流程中，依据知识的结构化进行建构，通常老师和学习者所占的时间比例为1:1，充分体现了"老师讲+学习者做"的协作紧密性。

3. 直导教学模式的操作

第一步：老师呈现。即常说的老师讲解，包括概念、理论、知识点、流程、规则、要求、标准、注意事项等。在这个过程中，老师要多采用互动、提问等方式引导学习者参与，并让学习者明白老师的意图。

第二步：学员演练。学员根据老师的要求，以学习小组的方式进行学习探讨、演练、练习和操作。同时，老师要积极地引导、辅导学习者参与，督促大家更好地构建。

第三步：点评评价。老师对学员的学习状况进行点评，这个过程包括形成性评估和总结性评估。形成性评估是指对学习者的每个环节进行及时的评估，同时提供引导和调试。总结性评估是指学习者完成某个具体项目后进行的评估，这个环节也是必需的。

第四步：调控反馈。调控和反馈是老师和学习者的双向互动活动，而且贯穿整个学习始终。这也是确保学习顺利进行的重要内容，老师和学习者始终交织在一起，形成真正的学习共同体，分工协作，共同完成整个学习过程，确保目标的实现。

21.3.2 讨论教学模式

1. 讨论教学模式的含义

讨论教学模式，也称研讨教学模式，是指围绕某个主题，运用深入地讨论交流、探究、辩驳、反思等，找到解决方案并最终达成共识的一种教学模式。在讨论教学模式中，学习者成为真正的学习中心和主体，通过自我学习和协作学习的方式，进行深入的建构。老师在这个过程中，更多的是运用教练、引导、促动、催化等技术，协助学习者在讨论中学习、成长、建构。

2. 讨论教学模式的特点

首先，讨论教学模式解决的是结构不良的问题，因为问题的结构是不良的，所以存在多种解决方案，那么学习者的状况也是不一样的，他们可以选择和认同不一样的方案。人是靠经验学习的，而一个人的经验总是有限的，所以需要大家协作学习，而且最好是跨界协作，参与者来自不同的领域、不同的背景，拥有不同的思想、不同的经验、不同的视角，才能碰撞出不同的火花，产生意想不到的效果。人才培养、部门绩效、业务发展等都可能是结构不良的问题，都可以运用此种教学模式。其次，要更好地解决问题，就需要深入研讨，并发挥集体智慧，群策群力，共同来解决。讨论教学模式要做到讨论贯穿始终、讨论时间足够长（不低于半天），讨论需要多个角度、多个领域和不同的视角和看法，需要跨界参与，只有这样才能深入全面。最后，讨论要形式多样，需要更多的方式和方法、工具和模型，如 ORID（焦点呈现法）、世界咖啡、团队共创、开放空间等。

3. 讨论教学模式的操作

第一步：规则贯彻。因为此种教学模式与传统讲师单一授课模式不同，所以需要事先宣贯规则，这里可以采用"先行组织者策略"，就是在培训之前把与本主题相关的内容及学习规则、流程等提前发给大家学习，也可以采取老师讲授的方式，在短时间内让大家能够接受这样的方式。

第二步：问题呈现。在学习正式开始的时候，就要把讨论的问题呈现出来，要在短时间内介绍问题背景、描述问题情景、回答学员疑问、引导学习方向等。

第三步：研讨、辩论。在这个环节，可以根据主题、学员状况的不同，采用不同的研讨学习方法，市面上有很多关于行动学习的书籍可以查阅和学习。

第四步：提炼、总结。学习者参与学习研讨后，要将学习研讨的成果通过讲台呈现、画图展示、实物操作等多种方式展示出来。

第五步：评价、转移。学以致用是学习的根本目的，讨论教学模式也强调这一点，所以，这是最重要的环节。

21.3.3 体验教学模式

1. 体验教学模式的含义

体验教学模式是一种体现了"以学员为中心"的学习方式，其主要特征是学习者在实际的体验中去感悟、理解、运用、学习、成长和构建。

2. 体验教学模式的特点

首先，任务驱动是在体验教学模式中最好的体现，体验教学模式重在学习者的参与、体验和运用，因此，在教学设计时往往会设计一个任务，以完成这个任务作为项目的整体推动。学习者也会在完成任务中面临各种问题、障碍，并通过自我努力和团队协作的方式，解决问题，完成任务，从中得到成长。其次要身心结合，身心参与的最主要方式是围绕任务来完成，学习者只有动脑加上动手，才能够更好地构建。最后就是学习训练的项目具有仿真性，学习者是在仿真的学习环境中，围绕某个任务进行学习。培训中的学习内容来自工作中的实际项目，学习结束后更要在工作中运用。因此，要求培训中的项目一定要与实际工作有关系。

3. 体验教学模式的操作

第一步：项目呈现。这个环节既包括整个项目设计，也包括某个具体项目的设计。首先要明确这个项目是什么，包含了什么内容，还需要对整个背景做一个介绍，激发学员旧知；其次要明确学习的目的是什么，要让学习者接受这个项目学习的最终目的，防止将学习当作游戏。

第二步：规则宣导。这里有两个要求：第一，流程本身是科学的、规范的、经得起检验的；第二，学员要接受并且遵守这样的流程和规则，这是确保项目顺利进行的重要因素。

第三步：学习体验。在这个过程中，老师要做的工作非常多，诸如引导大家参与、回答规则疑问、协调竞争争议、促进项目推进、激励落后的学习者等。

第四步：评估考核。在学习体验的项目中，老师要通过考核和评估的方式推动项目的开展，这也是老师主导培训的重要手段。所以体验式培训最关键的还是项目设计，同时也需要现场的把控能力。

第五步：引导反思。在完成某一个项目后，老师要引导学员对这个项目进行总结、反思和提炼，保证时间上要足够、流程上要强调、规则上要重视。

第六步：融会贯通。老师要引导学员跳出培训，回归工作，让学员在某个项目结束时可以融会贯通，更多的是在整个项目的结束期运用。

21.3.4 问题教学模式

1. 问题教学模式的含义

问题教学模式是指在教学中围绕某个问题，引导大家一起参与讨论，共同找到解决方案的教学方式。问题教学模式解决的问题，其难度和深入程度介于直导教学模式和讨论教学模式之间，这些问题既不能设计成项目的方式，也无法设计成用身心体验的方式。

2. 问题教学模式的特点

首先，问题教学模式强调问题一定要真实，问题更多的是直接来自真实的工作和生活，其"原汁原味"的感觉更强烈。其次，问题要包含知识、态度和能力三个方面，也就是说，问题需要老师进行设计和加工，把与此相关的方面都融入进去，此时的问题也就不再是简单的问题了。再次，问题教学模式强调流程清楚，要在短时间内分析解决问题，就需要良好的流程和结构，以提高解决问题的效率。最后是竞合学习，也就是在竞争中协作，在协作中学习。

3.问题教学模式的操作

第一步：设计问题。设计问题是问题教学模式的第一步，也是最重要的一步。找对了问题才能解决问题。在平时的培训中，大家会发现一个现象，即学习者参与性不高。很多老师以为是互动技巧不够，其实不一定，关键在于这些问题是不是与学习者相关。如果这些问题是学习者工作中遇到的问题，那么他们自然会参与其中。如果这些问题不是他们遇到的问题，就算他们想参与也无从入手。

第二步：呈现问题。设计问题属于课程开发的环节，接下来在培训现场，就需要呈现问题。实际上这是课堂实施的第一步。老师在这个环节主要是要对问题的背景进行介绍，回答学习者的提问。老师在呈现问题时，并不是把问题阐述得越清楚越好，而是将更多的问题留给学员。

第三步：学习研讨。问题教学模式的学习研讨环节跟其他教学法类似，这是学习者学习的一个重要环节，老师在这个时候主要起到引导、监控、督促的作用。记住"学员为主体""老师为主导"这两个关键点，老师一定要走到学员的中间，引导大家参与学习。

第四步：辩论反思。辩论反思是指学习者之间互相学习、交流、研讨辩论、PK，引起自我反思和团队反思，从而不断地调整、改良，直到最优的一个过程。该环节是问题教学模式中非常重要的环节，也体现了建构主义教学的思辨色彩。

第五步：总结评价。总结评价是指在某个问题谈论结束后，老师要对这个问题进行总结、评价和提炼，要做到"有聚有散"：学员的发言是"散"，大家发表自己的不同看法；老师的发言是"聚"，凝聚大家的发言精华，达成共识。

第六步：学以致用。学以致用是指学员在学习过后，能够把所学的用在实际工作中。这才是真正有意义的学习，强调学习的迁移，这一点跟其他几个教学模式一样。

21.3.5 情境教学模式

1. 情境教学模式的含义

情境教学模式是基于建构主义教学思想，运用情境化的问题设计、系统化的内容开发、模拟化的课堂情境，让学员参与研讨的一种教学模式。

2. 情境教学模式的特点

首先，情境教学模式依然是聚焦问题，但除了问题之外，更多的是由各个问题组成案例，即将问题有机联系起来，加工成案例。这些案例都取自实际的工作和生活，所以这些案例具有情境性，来自生活，更高于生活。其次，情境教学模式的内容具有连贯性和系统性，即这些内容相互之间是有联系的，它们依据某种内在和外在的关系将各个案例连接起来，组成一套完整的情境。再次是教学环境的情境化，也就是仿真。比如，培训现场通过音响、灯光、气味、教具、装备等营造一种接近生活的氛围，从而使学习者更加投入其中。最后就是情境适应性，当教学的对象和情境发生变化的时候，其教学的内容和方法都应该有相应的变化。

3. 情境教学模式的操作

情境教学模式的操作流程为情境设计、情境呈现、学习研讨、反思优化、融会贯通。其中要注意运用"先行组织者策略"，主要是因为情境教学模式采用了情境设置，如果学习者对于这个情境的背景不清楚，那么在培训现场就无法理解这个情境，而如果在现场对这个素材做出太多的解释或播放，就会花去大量的时间，所以一定要先行组织。其他几个步骤与前面的几种教学方法步骤相似，不再特别强调。

21.4 新时代的培训新生态

大数据已对商业领袖们的思维和决策标准产生了重大影响。培训从业者也必须认识到这一点,并学会理解数据在人力资本管理中发挥的作用,从而相应调整企业培训策略。

在大数据及移动互联网思维模式下,决策层越来越仰仗前期预测性的数据——主要侧重于绩效和成果(包括涉及企业学习的投资)。虽然企业培训人员无须成为定量分析的行家,但他们要学习数据分析的思维,并能够收集和使用绩效数据,以证明培训方案的有效性。同样,如何识别人才培养需求?如何设计具有针对性的方案?如何确保培训方案的有效执行?这些都需要与数据相结合的思路,要创造性地解决这些问题,作为培训从业者,我们可以确定的是:我们必须改变!

企业学习生态圈就是建立企业内外部的知识和人之间的连接。内部通过线上课程、内训课程,通过企业内部知识对员工进行培训;外部则通过合作伙伴、行业人群,配合线下课程进一步打造人与知识的连接,让知识在企业中流动起来。让员工在学习过程中,对内、对外保持紧密的联系,让更多大数据时代的知识进入企业的隐性知识资产中,为更多的员工提供学习机会。通过这种循环,将更多的知识引入企业,培训更多的人,培养更多的人才,产生更大的效益,这就是所谓的"企业学习生态圈"。

那么,如何打造企业学习生态圈?我们应注意以下几点:

首先,企业通过内外部的结合,将更多的知识融入培训,同时将这部分知识资产化,形成企业的文化资产,使流动的、隐性的资产变成固化的、显性的资产,建立企业知识管理体系,鼓励员工分享知识技能。

其次,知识来源要多样化,将内部知识与外部知识结合在一起,提供多样化的学习方案和培训目标,并针对目标进行立体化评估,通过多样化的学习方式和便捷的学习手段以及全方位的培训考核机制,评估培训时效性。

再次,建设学习生态圈的过程要循序渐进,要从基础做起,从简单的技能培训到匹配个人岗位的职能培训，再到实现员工个人价值的成长性培训。假如每名员工都能走到成长性培训阶段，将培训和自己未来的发展以及组织管理能力提升结合起来，那么一个优秀的学习型组织就会应运而生，企业学习生态圈的扩展也将达到最大化。

最后，还需要控制成本，用最便捷、省时、省力的方式，完成以上内容，从根本上辅助学习生态圈的有序发展。

图书在版编目（CIP）数据

上承战略　下接绩效：培训管理系统解决方案/潘平，闫吉伦著.—北京：中国法制出版社，2020.1
（上承战略　下接人力资源业务系列丛书）
ISBN 978-7-5216-0793-2

Ⅰ.①上… Ⅱ.①潘… ②闫… Ⅲ.①企业管理—职工培训 Ⅳ.①F272.921

中国版本图书馆 CIP 数据核字（2019）第 301877 号

策划编辑：潘孝莉
责任编辑：潘孝莉　马春芳　　　　　　　　　　　　　封面设计：汪要军

上承战略　下接绩效：培训管理系统解决方案
SHANG CHENG ZHANLÜE　XIA JIE JIXIAO：PEIXUN GUANLI XITONG JIEJUE FANG'AN

著者/潘　平　闫吉伦
经销/新华书店
印刷/三河市紫恒印装有限公司
开本/730毫米×1030毫米　16开　　　　　　　印张/17.5　字数/267千
版次/2020年1月第1版　　　　　　　　　　　2020年1月第1次印刷

中国法制出版社出版
书号 ISBN 978-7-5216-0793-2　　　　　　　　　　　　　定价：59.00元

北京西单横二条2号　邮政编码 100031　　　　　　　传真：010-66031119
网址：http://www.zgfzs.com　　　　　　　　　　　　编辑部电话：010-66073673
市场营销部电话：010-66033393　　　　　　　　　　邮购部电话：010-66033288

（如有印装质量问题，请与本社印务部联系调换。电话：010-66032926）